Linux Netzwerkadministra

Zico Pratama Putra

Kanzul Ilmi Press

2018

First Printing: 2018

ISBN: 9781726815147

Editor: Zico Pratama Putra

Kanzul Ilmi Press

Woodside Ave.

London, UK

Bookstores and wholesalers: Please contact Kanzul Ilmi Press email
zico.pratama@gmail.com.

Trademark Acknowledgments

All terms mentioned in this book that is known to be trademarks or service
marks have been appropriately capitalized. Linux, Inc., cannot attest to the
accuracy of this information. Use of a term in this book should not be
regarded as affecting the validity of any trademark or service mark.

Unless otherwise indicated herein, any third-party trademarks that may
appear in this work are the property of their respective owners and any
references to the third-party trademark, logos or other trade dress are for
demonstrative or descriptive purposes only

Ordering Information: Special discounts are available on quantity pur-
chases by corporations, associations, educators, and others. For details,
contact the publisher at the above-listed address.

Inhalt

Waren

Linux Network Administrator / Netzwerkkonfiguration

Installation des Netzwerkadapters

Netzwerkkarten werden oft beim Start erkannt. Ist dies nicht der Fall ist, wird es die entsprechenden Module laden.

Eine Liste von Netzwerkschnittstellen, die erkannt wurden, können Sie den Befehl

Ifconfig -a

Die Abschnitte, die mit ethX beginnen passen die Karten Ethernet wobei X die Nummer der

Karte. Wenn die Karte nicht erkannt wird, wird es das Modul mit dem Befehl laden

modprobe <Modulname>

Einige gemeinsame Module kann festgestellt werden: ne2k-pci für NE2000-Karten, über rhine, rtl8139 ...

Die Module für den Kernel in / lib / modules / <kernel name> / kernel / drivers / net / entfernt. Der folgende Befehl zeigt die Netzwerkmodule für den Kernel im Einsatz:

ls / lib / modules / `uname -r` / kernel / drivers / net /

Für den Namen des Funktionsbausteins des Handelsnamen einer Karte, eine Suche im Internet ist oft die beste Lösung.

Der Kern kann nützliche Informationen über Netzwerkkarten bereitstellen. Einträge, in denen ein „eth0" für weitere Informationen auf dem ersten erkannte Netzwerkkarte suchen:

dmesg | grep eth0

Der folgende Befehl zeigt die Netzwerkkarten mit dem Bus verbunden PCI :

lspci | grep Ethernet

Konfiguration des Netzwerkes

Sobald Sie Ihre Karte vom Kernel erkannt, müssen Sie mindestens die IP-Adresse und Subnet-Maske Subnetz Karte. Im Falle eines lokalen Netzwerks mit dem Internet verbunden ist, müssen Sie auch die IP-Adresse des Gateways und IP-Adresse eines oder mehrerer DNS-Server hinzuzufügen.

IP-Adresse

Um eine IP-Adresse zu einer Netzwerkschnittstelle zuordnen, können Sie mit dem Befehl ifconfig:

ifconfig <interface> <IP-Adresse>

Zum Beispiel:

ifconfig eth0 192.168.1.12

die Subnet-mask automatisch bestimmt wird entsprechend der Klasse-Adresse IP. Wenn es anders ist, können Sie es mit der Netzmaske Option angeben:

ifconfig eth0 192.168.1.12 netmask 255.255.255.128

Um zu sehen, ob die Netzwerkkarte konfiguriert ist, können Sie den Befehl:

ifconfig eth0

Gateway und Routing

Um einen Gateway hinzufügen, können Sie die Route Befehl verwenden:

route add default gw <IP-Adresse>

Um die Routen zu verschiedenen Netzwerken anzuzeigen:

route -n

Testen Sie das Netzwerk

Um zu testen, ob die Netzwerkkarte funktioniert, können wir versuchen, mit einer anderen Maschine zu kommunizieren mit dem Befehl

ping <IP-Adresse>

Der Ping-Befehl sendet ein Paket an die IP-Adresse und wartet dann auf die Maschine reagiert. Es zeigt dann die Zeit, die den gesamten Betrieb nahm, in Millisekunden.

Informationsschnittstellen

So prüfen Sie den Status aller Schnittstellen können Sie den Befehl

netstat -a

Host Name (Hostname)

Die Datei / etc / hostname enthält den Namen der Maschine. Bearbeiten Sie einfach die Hostnamen der Maschine zu ändern. Diese Änderung wird nicht sofort berücksichtigt das System übernommen. Es wird das nächste Mal der Maschine oder nach dem Start sein:

/etc/init.d/hostname.sh

Es kann auch die Hostnamen mit dem folgenden Befehl ändern, aber es wird nicht auf dem nächsten Boot gehalten werden:

Host-Namen <hostname>

Automatische Konfiguration beim Booten

Die Datei / etc / network / interfaces permanent NICs zu konfigurieren.

Zum Beispiel:

auto lo
iface lo inet Loopback

auto eth0
iface eth0 inet static
    Adresse 192.168.1.2
    netmask 255.255.255.0
    Gateway 192.168.1.1

Diese Konfiguration automatisch Schnittstellen „lo" initialisieren und „eth0".

Die „lo" Schnittstelle zum System oft wesentlich ist, ist es wichtig, zu initialisieren. Sie wird die IP-Adresse 127.0.0.1.

Die „eth0" -Schnittstelle wird mit der IP-Adresse 192.168.1.2, Subnet-Maske 255.255.255.0 192.168.1.1 und dem Gateway (dies ist optional) konfiguriert werden.

Wenn eth0 automatisch von einem Server konfiguriert werden, DHCP, Sie müssen angeben:

```
auto eth0
iface eth0 inet dhcp
```

Für Änderungen an dieser Datei zu übernehmen, neu starten oder den ifup und ifdown-Befehle

verwenden. Zum Beispiel:

```
ifup eth0
```

Hostnamensauflösung

Die Datei /etc/host.conf gibt an, wie Namen aufgelöst werden sollen (dh wie von einer IP-Adresse zu einem

Namen und umgekehrt zu bewegen). Zum Beispiel:

```
# Zuerst mit DNS-Server übersetzen und dann mit / etc / hosts. Um bind, hosts


# Es gibt Maschinen mit mehreren Adressen
MULTION


# Prüft, IP-Spoofing ist nospoof
```

DNS-Server

/etc/resolv.conf enthält die IP-Adressen von Servern DNS. Zum Beispiel:

```
Name-Server 208.164.186.1
Name-Server 208.164.186.2
Suche foo
```

Der Suchbefehl zeigt an, dass, wenn ein Domain-Name nicht gefunden wird, wird es durch das Hinzufügen .foo versuchen.

hosts-Datei

Die Datei / etc / hosts-Datei enthält eine Liste der Namensauflösung (IP-Adressen und Rechnernamen). Zum Beispiel:

```
192.168.105.2 sasa
```

Diese Datei gibt an, dass Sasa die IP-Adresse 192.168.105.2 ist, die von dieser Alias zugänglich sein werden.

Netzwerkadministration Linux / NFS

das Protokoll NFS (Network File System) ermöglicht es Ihnen, Dateien zwischen Rechnern zu teilen Unix, und deshalb Linux.Es ist ein Client-Server-Modell: eine Maschine (Exporte) Verzeichnisse aus dem lokalen Dateisystem im Netzwerk zur Verfügung stellt. Als nächstes werden die Zugriffsrechte, können die anderen Netzwerk-Stationen diese Verzeichnisse montieren, die dann als lokale Verzeichnisse zu sehen. Ein Computer kann sowohl Client als auch NFS-Server sein.

serverseitige Installation

Beginnen Sie mit der Überprüfung, dass die NFS-Dämonen (nfsd) sind bereits im Gang mit zum Beispiel der Befehl

ps ax | grep nfsd

Um die Daemons manuell zu starten, unter Debian:

/etc/init.d/nfs-kernel-server Start

oder, wenn der NFS-Server User-Space dass installiert ist:

/etc/init.d/nfs-user-server Start

Wir können durch das Ersetzen Neustart starten Sie den Server neu zu starten.

Konfiguration

Zu teilen (oder Export) Verzeichnisse, müssen Sie die Datei / etc / exports informieren. Es zeigt die Liste der freigegebenen Ordner und Namen von Maschinen, die darauf zugreifen können.
Jede Zeile entspricht einem Verzeichnis und hat die Form:

<Lokalverzeichnis> <Name oder die IP der Maschinen erlaubt die Verbindung> (<Optionen>) <andere Maschinen> (<Optionen>) ...

Zum Beispiel:

/ Home / bobollinux (rw) Station 1 (ro)
/ Projekt   station1 (rw) (ro)
/ Entwurf

Der Server exportiert das Verzeichnis / home. Die ollinux Maschine kann es montieren lesen / schreiben (rw), Nur-Lese-Station 1 (ro), und die anderen Maschinen nicht anschließen.
In ähnlicher Weise kann 1 Station Zugriff Lesen / Schreiben in das Projektverzeichnis und alle anderen Stationen nur lesen.
Schließlich kann jeder / Schreiben in den Entwurfsordner lesen zuzugreifen (die rw-Option ist die Standardeinstellung).
Um zu wissen, die Liste der möglichen Optionen und ihre Bedeutung, man export sehen.
Beachten Sie, dass Schreibzugriff über das Netzwerk wird durch die Rechte auf das Dateisystem noch gehemmt. Betrachten wir eine Testdatei im Besitz von Root, befindet sich im Projektverzeichnis und mit den Rechten 600 (Lesen / Schreiben für root nur, keine Rechte für andere). Wenn foo Benutzer über die Station 1 Station Verzeichnis / Projekt zugreift, kann es nicht die Testdatei zuzugreifen, obwohl sie die „Rechte Netzwerk read-write" hat.
Sobald die Datei / etc / export richtig konfiguriert ist, einfach starten Sie den NFS-Dienst mit dem folgenden Befehl, damit die Änderungen wirksam werden:
/etc/init.d/nfs-kernel-server reload

Client-Installation

Dies ist relativ einfach, da die NFS „Netzwerk-Dateisystem" direkt in den Kernel eingebaut wird. Stellt sicher, dass es mit Unterstützung für NFS kompiliert wurde. Dies gilt für alle neueren Distributionen.

Um ein Remote-Dateisystem einhängen, verwenden Sie den Befehl mount mit der Option nfs:

mount -t nfs <Remote-Rechner>: <freigegebenes Verzeichnis> <lokales Verzeichnis> -o <Optionen>

Zum Beispiel:

mount -t nfs 192.168.105.2:/armor/plages / mnt / o ro Bewertungen

Dieser Befehl wird montieren / Rüstung / Tracks, von 192.168.105.2 Station im lokalen Verzeichnis / mnt / Bewertungen exportiert, schreibgeschützt.

Anstelle einer IP-Adresse können Sie auch einen Hostnamen geben, wie Sasa. Dafür brauchen wir den Namen sasa zu IP-Adresse umgewandelt werden kann (durch Änderung von / etc / hosts zum Beispiel, wenn Sie keinen DNS-Server)

Loggen Sie beginnen

Es ist möglich, die freigegebenen Verzeichnisse beim Start der Station zu verbinden.

Der einfachste Weg ist es, die / etc / fstab zu füllen, die eine Liste der bekannten Dateisysteme enthalten. Die Syntax ist:

<Remote-Computer>: <Remote-Verzeichnis> <lokales Verzeichnis> nfs <Optionen> 0 0

Im vorherigen Beispiel wäre es:

Sasa: / Rüstung / Spuren / mnt / nfs Auto odds, rw, user, weiche 0 0

Die Optionen werden in der Mount-man-Seite beschrieben. Einige sind häufig in andere Dateisysteme (ext2, vfat ...), während andere sind spezifisch für NFS.

Netzwerkadministration Linux / Samba

Samba ist ein Service für Ordner und Drucker zwischen Linux-Workstations und Windows-Workstations teilen. Ein umfassender How-To ist dort zu finden:http: / / www. Samba. org / samba / docs /Mann / Samba-HOWTO-Collection /

Dieser Abschnitt stellt nur eine Einführung in die Verwendung von Samba. Wir sind der Ansicht, dass wir den abgesicherten Modus verwenden (security = user erfordert ein Benutzerkonto Unix). Verwenden Sie die Domäne Sicherheitsstufe und das Spiel Teil Sharing mit Windows-(einschließlich der neuesten Version) nicht gesehen. Um diese Seite eine Windows-Zugriff gibt einige zusätzliche Befehle ein:http://www.oregontechsupport.com/samba/samba.php

Samba Service-Konfiguration

Um diesen Dienst zu konfigurieren, dass die Haupt-Datei zu ändern ist smb.conf in der Regel im Verzeichnis / etc oder / etc / samba als Verteilung.

Es gibt auch grafische Oberflächen Samba zu konfigurieren.

Der Abschnitt [global] enthält Optionen, die für alle freigegebenen Verzeichnisse.

Hier sind einige nützliche Optionen:

Arbeitsgruppe

> Der Name der Arbeitsgruppe. Die Computer in der gleichen Arbeitsgruppe können nebeneinander in der Windows-Netzwerkumgebung zu finden.

Server-String

> Die Beschreibung des Servers, der neben seinen Namen in Windows Explorer angezeigt. Wenn die Beschreibung das Wort% enthält h wird durch die Hostnamen der Maschine ersetzt werden.

verschlüsseln Passwörter

> Legt fest, ob Passwörter müssen, bevor sie verschlüsselt übermittelt werden. Es wird dringend empfohlen und alle Windows-Systeme von 98 und NT4 SP3 diese Funktion standardmäßig verwenden.

Protokolldatei

> Der Name der Datei, um das Aktivitätsprotokoll des Servers enthält. Man kann ein Protokoll pro Client-Rechner mit% m im Dateinamen hat. Das% m wird mit dem Namen des Client-Rechners ersetzt werden.

max log size

> Die maximale Größe der Protokolldatei, Kio.

Socket-Optionen

> Gibt die Put-Optionen auf *Steckdosen* so TCP_NODELAY für das System kleine Pakete sofort zu senden, ohne mehrere zu warten.

Viele weitere Optionen stehen zur Verfügung. Sie sind in der Manpage von smb.conf detailliert[1]

Beispiel

[Global]
Arbeitsgruppe = home
Server string = Samba Server% h
verschlüsseln Passwörter = true
log file = /var/log/samba/log.%m
max log size = 1000

socket options = TCP_NODELAY

Verzeichnisse Austausch-Setup

Samba-Freigaben sind in den Abschnitten der folgenden Form beschrieben:

[<Freigabename>]
<Option> = <value>
...

Die wichtigsten Parameter sind:

wie

Die Beschreibung des freigegebenen Verzeichnisses.

Weg

Der Pfad zu dem freigegebenen Verzeichnis. Es ist der Inhalt dieses Ordners wird gemeinsam genutzt werden.

nur lesen

Legt fest, ob die Gäste schreiben können oder nicht in dem freigegebenen Verzeichnis.

Öffentlichkeit

Ob ermöglichen Verbindungen ohne Passwort.

valid users

Liste der autorisierten Benutzer durch Leerzeichen getrennt zu verbinden. Wenn wir alle Benutzer diese Option nicht zulassen möchten.

browseable

Legt fest, ob die Aktien in der Liste von Aktien aus dem Server erscheinen.

Die [homes] ist eine spezielle Aufteilung. Er definiert den Austausch von Benutzerverzeichnissen Unix-Maschinen-Konten.

Viele weitere Optionen stehen zur Verfügung. Sie sind in der Manpage von smb.conf detailliert[1] Standard (3.5.6 release) Sie können anonym Samba zugreifen (smbclient // server / freigabename -U Konto ohne Passwort). Für einen sicheren Zugriff (mit Konto und Passwort), müssen Sie auch hinzufügen, eine Samba, dass Referenzkonto zu einem vorhandenen Linux-Konto: adduser-Konto (falls noch nicht geschehen) smbpasswd Rechtse Verzeichnisse und Dateien müssen korrekt sein. Beispiel chmod u + RWs, g + rx, wo rx + ... / Ordner und / oder Datei

Beispiele

[CDROM]
comment = Samba Server CD-ROM
read only = yes
locking = no
path = / CDROM
guest ok = yes

[Freigabe]
path = / media / d / Share
verfügbar = yes
durchsuchbaren = yes
public = yes

beschreibbare = yes

[Zelinux]
comment = Webseite
path = / myrep / zelinux
read only = no

Schützen Sie gemeinsame Verzeichnisse

Sie können ein eigenes Verzeichnis machen und ob Benutzer auf sie zugreifen lassen.

Dazu für jeden freigegebenen Ordner der Optionen hinzu:

public = nein
valid users = <Name der autorisierten Benutzer Verzeichnisse zugreifen>

Für jeden Namen, den Sie eingegeben haben, fügen Sie den Benutzer mit Samba

smbpasswd -a <Benutzername>

Ein Unix-Konto mit dem gleichen Namen muss vorhanden sein. Wenn dies nicht der Fall, erstellen Sie es mit adduser.

Service Einführung

Start:

/etc/init.d/samba starten

Zu Stoppen:

/etc/init.d/samba stoppen

Neu zu starten:

/etc/init.d/samba Neustart

Änderungen in smb.conf berücksichtigt für jede neue Verbindung gebracht. Damit sie auf bereits

bestehende Verbindungen wirksam muss Samba neu starten.

Directory Access

Um die Freigabe in Windows zuzugreifen, öffnen Sie einfach die Nachbarschaft Netzwerke eine Windows-
Station und prüfen, ob die Maschine vorhanden ist.

Um eine Verbindung von der Kommandozeile auf einen Anteil von Linux können Sie den Befehl

smbclient // <Servername> / <Freigabename> -U <user>

Es ist auch möglich, eine Samba-Freigabe zu montieren mit

smbmount // <Servername> / <Freigabename> <lokales Verzeichnis>

Verschiedene Optionen stehen zur Verfügung. Kann in dem Mann gefunden werden   smbclient   und Mann
                                                                                          smbmount.
Im Allgemeinen ist es ratsam, -o username = Konto, Kennwort hinzufügen = ??? zu verbinden.

Um zum Beispiel eines „öffentliches" Verzeichnis montieren die Notwendigkeit zu verbinden als Gast
angegeben werden muss:

smbmount // server / share / einhängepunkt -o Gast

Es erfordert auch, dass Ihr Benutzerkonto über die Rechte der Montage hat. Das Konto Wurzel kann smbmount ohne viel Problem verwenden.

Ansonsten gibt es mehrere Möglichkeiten:

1. Ergänzen Sie die Datei / etc / fstab mit Ihrer Montage // <IP-Adresse> / <folder_on Aktie> <your_local_mountpoint CIFS Standardwerte, iocharset = UTF-8, codepage = CP850, uid = 1000, gid = 1000, noauto, user, credentials = ~ /.smb 0 0)

2. hinzufügen Rechte in sudoers. (Standardmäßig in Ubuntu 10.10, sudo smbclient // <name server> / <share name> <lokales Verzeichnis> -o username = Konto, Passwort = ??? funktioniert gut)

Referenzen

[1] http://us1.samba.org/samba/docs/man/manpages-3/smb.conf.5.html

Netzwerkadministration Linux / Apache

Apache ist ein Server HTTP frei. Ein HTTP-Server können Sie Host Webseiten werden mit einem zugegriffen Navigator wie Mozilla Firefox, Internet Explorer oder Chrome.

Eine Website kann bietet jede Art von Inhalt (Text-Dateien, HTML, Blitz, Reißverschluss...). Dieser Inhalt kann statisch sein (der Server sendet eine Datei an den Browser) oder dynamisch (der Inhalt durch ein vom Server ausgeführt Programm erzeugt wird). Die Internetseiten enthalten in der Regel mehrere Arten von Dokumenten, einige sind statisch und andere dynamisch.

Wir beschäftigen uns hier mit Apache 2.2 auf einem System Debian (Und seine Derivate, wie Ubuntu).

log-Dateien

Debian standardmäßig protokolliert Apache Fehler in der /var/log/apache2/error.log Datei. Wenn etwas nicht funktioniert, wird diese Datei liefert oft Hinweise auf die Lösung zu finden.

Es erfasst auch alle Anfragen in /var/log/apache2/access.log.

Grundkonfiguration

Auf Debian, Apache startet automatisch, wenn installiert und jeden Systemstart. Wenn Sie die Konfiguration ändern, müssen Sie ihn mit dem Befehl der Veränderungen bewusst machen,

/etc/init.d/apache2 reload

Um zu stoppen, starten oder neu starten, die wir den gleichen Befehl mit Stopp zu verwenden, starten oder neu starten.

[1]

Server-Konfiguration

Konfiguration [2]der Server ist in /etc/apache2/apache2.conf. Diese Datei enthält Aussagen enthalten[3]die verwendet werden, Teile der Konfiguration in anderen Dateien zu verschieben. Debian verwendet diese Funktion für Module[4] (Wie PHP) und das Management von virtuellen Servern [5] :

Konfigurieren von Modulen

Die Datei / etc / apache2 / mods-available enthält die installierten Module. Die Datei / etc / apache2 / mods-enabled enthält Module aktiviert. Die aktivierten Module sindSymlinks zu den installierten Modulen.

So aktivieren oder ein Modul zu deaktivieren, können Sie direkt über die Links manipulieren oder die a2enmod a2dismod und Kontrollen verwenden (siehe Handbuch).

Konfigurieren von Sites

Auch der / etc / apache2 / sites-available enthält die verfügbaren Websites und / etc / apache2 / sites-enabled aktiviert Websites. Es ist bereits vorinstalliert: die Standard-Website.

Seiten können durch Manipulation der Links in sites-enabled oder mit a2ensite und a2dissite aktiviert oder deaktiviert werden.

Einige grundlegende Richtlinien

Die Syntax von Apache ist ziemlich einfach. Es gibt Blöcke (oder Kontexte), wie zB:

<Virtual ...> # Virtualhost-Block starten

...

   <Verzeichnis ...> Verzeichnis Block beginnend #

    ...

   </ Directory>   # Ende der Block-Verzeichnis

...

</ Virtualhost>   # Ende der Virtualhost-Block

und Richtlinien wie

Include / etc / apache2 / sites-enabled /

Die Richtlinien für die Konfiguration des Servers selbst sind in der Regel in apache2.conf platziert. Diejenigen, die nur Webseite betreffen, werden in der Site-Konfigurationsdatei-Offset (sites-available / my-Website-web).

Die Richtlinie DocumentRoot [6]Beseitigt wird die Web-Server-Wurzel, das ist das Basisverzeichnis zu sagen, wo die Dokumente. Zum Beispiel mit der Richtlinie DocumentRoot / var / www / html, wenn der Browser fordert der Seite
http: //serveur/repertoire/fichier.txt, der Server /var/www/html/repertoire/fichier.txt die Datei suchen.

UserDir [7]das Home-Verzeichnis der Systembenutzer angeben. Die Richtlinie UserDir public_html bedeutet ein Benutzer ihre persönlichen Webseiten in einem public_html Unterverzeichnis Ihres Home-Verzeichnisses veröffentlichen. Für den Anwender toto ist es in der Regel / home / foo / public_html. // server / ~ toto: Die Homepage wird durch die spezielle URL http zugänglich sein.

DirectoryIndex- [8]zeigt die Liste der Dateien, die Apache aussehen wird, wenn die URL zu sehen, ist nicht festgelegt. Zum Beispiel, wenn die Konfiguration DirectoryIndex- index.html index.php und fragen Sie die URL enthält http: // server / directory / wird Apache im Verzeichnis suchen eine index.html oder index.php. Wenn eine dieser Dateien vorhanden sind, werden diese angezeigt. Andernfalls wird Apache die Liste der Dateien entweder angezeigt werden, einen Fehler (je nach Vorhandensein von Indizes in der Richtlinie Optionen[9]).

Access [10]definiert den Namen der Datei, die in einem Verzeichnis abgelegt werden kann, seine Konfiguration zu ändern. Dies ermöglicht zum Beispiel verbieten lokal die Dateiliste angezeigt wird, oder das Kennwort ein Verzeichnis und dessen Unterverzeichnissen schützen.

hören [11] sagt Apache, auf dem Hafen TCP er muss zuhören. HTTP-Protokoll Der Standardport ist 80.

Server[12]Apache erzählt seine Domain-Namen und möglicherweise seinen Hafen. Er nutzt es, wenn es seine Adresse an den Client (Browser) kommunizieren muss. Dies ist zum Beispiel der Fall, wenn http anfordernden: // server / Verzeichnis ohne Schrägstrich (/) am Ende. Da dies keine gültige URL (die URL eines Verzeichnis muss mit einem Schrägstrich), verwendet Apache den Server eine Adresse mit einem Schrägstrich und dem Verweise auf den Kunden neu zu erstellen.

Verwaltung der Anzahl der Instanzen von Apache

Der Apache-Server verwendet mehrere Prozesse und kümmern sich um verschiedene Arten von Multi-Prozessor-Stationen mit MPM (Multi-Verarbeitungsmodule).

Das erste Modul verwendet Prefork Verfahren (für eine stabile oder ältere Systeme), die zweite Arbeiter-Threads verwendet, und das letzte von Fäden pro Prozess. Letzter perchild Modul ist in der Entwicklung und wird nicht empfohlen.

Die in Linux standardmäßig verwendet wird, ist Prefork.

kommentiert Beispiel

Der Teil der Konfigurationsdatei-Management-Verarbeitung in der Anzahl der Prozesse und die folgenden Möglichkeiten:

##
Server-Pool Größeneinstellung (MPM spezifisch)

prefork MPM
Startserver .... nb Serverprozesse beim Start
MinSpareServers nb ...... mindestens Process-Server ,' ,frei' ,'
instanziierts
MaxSpareServers nb ...... maximaler Prozess Server ,' ,frei' ,'
instanziiert. S 'es gibt es MaxSpareServers + 1 ein tötet sie
MaxClients .... up-Server, die nb verarbeiten kann START

Nb .. MaxRequestsPerChild maximal Anforderungen durch den Server-Prozess
behandelt.

Nach MaxRequestsPerChild Anfragen, die
Prozess stirbt.
Wenn MaxRequestsPerChild = 0, dann wird der Prozess
n 'Ablauf eh und je.

<IfModule prefork.c>
    Startserver 5
    MinSpareServers 5
    MaxSpareServers 10

```
    MaxClients 20
    MaxRequestsPerChild 0
</ IfModule>
```

\# *Pthread MPM # Startserver .... anfängliche Anzahl der Server Prozesse* **zu**
starten

\# *MaxClients .... maximale Anzahl der Server-Prozesse erlaubt* Start

\# **MinSpareThreads ...... Mindestanzahl von Arbeitsthreads sind qui** gehalten **Ersatz**

\# *MaxSpareThreads ...... maximale Anzahl der Arbeiter-Threads sind qui* gehalten **Ersatz**

\# *ThreadsPerChild ...... konstante Anzahl von Arbeitsthreads in jedem* Server **Prozess**

\# *MaxRequestsPerChild .. maximale Anzahl von Anfragen, die einen Server-Prozess*
Reserve

```
<IfModule worker.c>
    Startserver 2
    MaxClients 150
    MinSpareThreads 25
    MaxSpareThreads 75
    ThreadsPerChild 25
    MaxRequestsPerChild 0
</ IfModule>
```

\# *perchild MPM # NumServers .... konstante Anzahl von Server* Prozesse

\# **Startthreads .... anfängliche Anzahl von Arbeitsthreads in jedem** Server **Prozess**

\# *MinSpareThreads ...... Mindestanzahl von Arbeitsthreads sind qui* gehalten **Ersatz**

\# *MaxSpareThreads ...... maximale Anzahl der Arbeiter-Threads sind qui* gehalten **Ersatz**

\# *MaxThreadsPerChild ... maximale Anzahl von Arbeitsthreads in jedem* Server **Prozess**

\# *MaxRequestsPerChild .. Maximale Anzahl von Verbindungen pro Server* Prozess
(Dann stirbt es)

```
<IfModule perchild.c>
    NumServers 5
    Startthreads 5
    MinSpareThreads 5
    MaxSpareThreads 10
    MaxThreadsPerChild 20
    MaxRequestsPerChild 0
    AcceptMutex fcntl
```

</ IfModule>

Einstellen Verzeichnisse

Jedes Verzeichnis, in der Apache zugreift kann unabhängig konfiguriert werden (und seine Unterverzeichnisse erben).

ein Verzeichnis Einstellung wird in einem "Container" begrenzt durch <Verzeichnis chemin_du_répertoire> und </ Directory> platziert. Die Konfiguration gilt für das Verzeichnis und alle Unterverzeichnisse. Wenn ein Unterverzeichnis auch seine eigene Konfiguration hat, wird sie in der Mutter hinzugefügt.

Hier sind einige Beispiele für die Zutrittskontrolle. Weitere Details finden sich in „eine Beispielkonfiguration."

Konfigurieren des Systems Root-Verzeichnis <Directory />

   # Es autorisiert keine besondere Optionen Option
   Keiner

   # Es werden keine Änderungen in .htaccess-Dateien AllowOverride None erlaubt

</ Directory>

Für den Server-root: <Verzeichnis /
var / www / html>
   # einige Optionen
   Options Indexes Enthält FollowSymLinks

   # Die Optionen können in einem .htaccess AllowOverride All geändert
   werden

   # Ermöglicht jeder Zugriff zulassen aus Alle Dokumente

   # Gibt an, wie die vorherige Regel zulassen, um beantragen,
   verweigern
</ Directory>

Das Verzeichnis enthält ausführbare CGI <Verzeichnis /
usr / lib / cgi-ist>
   AllowOverride None
   Optionen ExecCGI
</ Directory>

Die möglichen Parameter der Anweisung Options [13] sind: "Keine", "Alle", "Indizes", "Enthält", "FollowSymLinks", "ExecCGI" oder "Multiview".

Verwalten Sie persönliche Web-Seiten

Es ist möglich, dass die Nutzer des Systems persönliche Seiten zu übertragen, ohne einen Benutzer Website erstellen zu müssen. Dies erfordert die Verwendung userdir Modul.

Das Verzeichnis auf der Website enthalten, sollten in der Heimat des Benutzers erstellt werden und sollte für alle lesbar sein. Der Verzeichnisname wird durch die Richtlinie definiert UserDir[7]. Standardmäßig ist dies das Verzeichnis public_html.

Die Adresse dieser persönlichen Websites zuzugreifen, ist der Benutzername durch eine Tilde (~) voran. Zum Beispiel kann ein Benutzer foo auf www.iut.clermont.fr Server die Seiten der Website, in der / home / foo / public_html schaffen, und wir können sie mit dem http: //www.iut. clermont.fr/~toto/.

Sie können nur bestimmte Benutzer erlauben, von UserDir zu profitieren. Zum Beispiel kann nur sasa toto zu ermöglichen und eine persönliche Website zu haben:

UserDir Behinderte
UserDir aktiviert Sasa toto

So legen Sie Optionen für diese Verzeichnisse können Sie eine Klausel in das Verzeichnis / home / * / public_html verwenden:

```
<Verzeichnis / home / * / public_html>
    Bestellen Sie Zulassen, Abweisen
    Lassen Sie von allen
</ Directory>
```

Die UserDir public_html Klausel funktioniert nur für Benutzer mit einem Konto auf dem System. die URLhttp: / / www. IUT. Clermont. en / foo ~funktioniert nur, wenn foo ein echter Benutzer (in diesem Fall der Begriff Unix ~ toto macht Sinn) ist, nicht nur, wenn das Verzeichnis / home / foo / public_html existiert. eine andere Form von UserDir können die Verzeichnisse zu ermöglichen, verwendet werden, ohne notwendigerweise ein Unix-Konto verknüpft ist:

UserDir / home / * / public_html

CGI-Skripte

Schreiben Sie ein CGI-Programm

Die CGI (Common Gateway Interface) ist keine Sprache, es ist ein Standard ist. Ein CGI-Programm kann in einer beliebigen Sprache (C, Java, PHP, bash ...), vorausgesetzt, geschrieben werden, dass es ausführbar ist, und es entspricht den bestimmten Eingabe / Ausgabe-Constraints.

Die Hauptbeschränkung ist die Ausfahrt. Wenn ein CGI-Programmdaten an die Standardausgabe erzeugt, muss es einen HTTP-Header vorangestellt, um sie zu identifizieren. Hier ist ein Beispiel CGI-Programm in Bash geschrieben:

```
#! / Bin / bash

# Header
echo "Content-type: text / html"

#  Spätes Kopf echo „"
```

Inhalt im Browser Echo, um "<html> <body> Hallo
</ body> </ html>"

Dieses Skript erzeugt eine HTML-Seite.

Konfigurieren Sie den Zugriff auf CGI-Skripten

Für Apache Scripting unterstützt, ist es notwendig, eine minimale Einrichtung in der Site-Konfiguration durchzuführen.

Die Anweisung Script / cgi-bin-Pfad gibt den Namen des genehmigten Verzeichnis Scripts enthalten CGI. Beispiel:

Script / cgi-bin / var / www / cgi-bin

Der Pfad / cgi-bin nicht wirklich existiert, ist es in / var / www / cgi-bin gerichtet ist, und ermöglicht es Ihnen, URL wie http zu schreiben: // server / cgi-bin / myscript.

Die aktive folgende Klausel der ExecCGI in / var / www / cgi-sind, so dass Apache-Skripte auf dem Server auszuführen:

<Verzeichnis / var / www / cgi-bin>
    ExecCGI Optionen
</ Directory>

Beispiel: Sie schreiben ein Skript essai.cgi, und Sie wollen / home / httpd / cgi-sind die Skripte enthält.

Daher mindestens schreiben:

Script / cgi-bin / home / httpd / cgi-bin
<Verzeichnis / var / www / cgi-bin>
    ExecCGI Optionen
</ Directory>

Der Ruf nach einem Skript essai.cgi wird durch die URL vorgenommen werden: http: //serveur/cgi-bin/essai.cgi

Das PHP-Modul

PHP ist normalerweise in den Apache-Server als ladbares Modul befindet wie andere Apache-Module in / usr / lib / apache2 / Module integriert.

Die /etc/apache2/mods-availiable/php.load und /etc/apache2/mods-availiable/php.conf Dateien enthalten LoadModule- und AddType Direktiven, die Apache erlauben PHP ausgeführt wird, wenn eine Datei anfordert Endung .php. Sie müssen verknüpft werden / etc / apache2 / mods-enabled PHP zu ermöglichen. Man kann es verwenden, um die a2enmod Kontrolle zu bringen.

Am Rande von Apache, PHP hat seine Konfigurationsdatei auch, oft /etc/php.ini. Es ist besonders ratsam, zu intervenieren, es sei denn, Sie wissen, was Sie tun. dass wir dennoch beobachten PHP berücksichtigt die MySQL-Plugin, Zugriffsfunktionen „Motor" der MySQL-Datenbank enthalten (die getrennt werden mussten installiert ist), durch die Anwesenheit von extension = mysql .so.

Wenn eine Konfigurationsdatei ändern, wie PHP läuft als Apache-Modul, starten Sie Apache PHP-Reset durch php.ini zu lesen.

/etc/init.d/apache2 restart

Passwortschutz

Es gibt viele Lösungen Passwort pro Standort zu schützen.

Apache bietet eine einfache Lösung, die ein Verzeichnis und dessen Unterverzeichnissen zu schützen.

Dies erfordert die .htaccess-Datei und eine Passwort-Datei zu erhalten.

Konfiguration der Authentifizierung

Datei .htaccess befindet sich in dem Verzeichnis, in dem sie die Regeln anwendet.

In dieser Datei werden wir die Definition von Einschränkungen platzieren.

Es ist zwingend notwendig, dass die Änderung der Authentifizierungsparameter wird in der Apache-
Konfiguration erlaubt.[14]

Die Leitlinien in der .htaccess sind:

AuthType Grund

Authentifizierungstyp allgemein angenommen, aber

unsicher AuthName „Meine Botschaft"

Anzeige des Textes, wie in dem Dialogfeld aufgefordert

AuthUserFile / etc / apache2 / my_passwd

zeigt an, wo die Passwörter

Require valid-user

Staaten müssen ein Konto in der Passwort-Datei Zugriff auf das Verzeichnis

Sie können auch nur toto Konten und Sasa zu erlauben require user toto sasa verwenden.

Der Authentifizierungstyp Grund zirkulierte Passwörter im Klartext. Es gibt andere Arten als sicherer verdauen, ist es empfehlenswert, zu kombinieren../HTTPS/. Ansicht Artikel auf Wikipedia Einzelheiten über den Betrieb.

Die erste Anforderung an diesem geschützten Verzeichnis wird der Benutzer ein Dialogfenster, durch die bringen sich (Name und Passwort) identifizieren müssen:

• Wenn das eingegebene Passwort ungültig ist, wird das Dialogfeld wieder angezeigt.
• Wenn gültig, speichert der Browser und werden nicht mehr aufgefordert.

Es wird den Browser neu starten es erneut anzufordern.

Passwort-Datei

Zur Aufrechterhaltung der Passwort-Datei wir den Befehl htpasswd (siehe Manpage).

Zum Beispiel die Passwort-Datei Passwort / etc / apache2 / default-passwd mit 1 als Benutzer foo zu erstellen, verwenden Sie den Befehl

htpasswd -c / etc / apache2 / foo my_passwd

Zum Hinzufügen oder einen Benutzer zu einer vorhandenen Passwort-Datei bearbeiten:

htpasswd / etc / apache2 / my_passwd sasa

virtuelle Server (virtuelle Hosts)

Apache kann gleichzeitig mehrere Websites behandeln. Sie werden alle von der gleichen IP-Adresse und den gleichen Port erreichbar sein.

Zur Unterscheidung, verwendet Apache die Adresse vom Browser angefordert.

Zum Beispiel, wenn site1.com site2.com und auf die gleichen IP-Adresse, URL und http://site1.com/ http://site2.com/ auf demselben Server führen.

Aber zum Zeitpunkt der Anforderung, sagt der Browser er die Adresse gefragt hat http://site1.com/ oder http://site2.com/.

Apache verwendet diese Informationen, zu wissen, welche Seite zu sehen. Wir sprechen über*virtuelle Server* oder virtueller Host.

Um Apache zu sagen, welche Seite einen Domain-Namen übereinstimmt, einen Abschnitt mit <Virtual *>.

Auf Debian, es ist in der Regel ein Virtual pro Datei im Verzeichnis / etc / apache2 / sites-available.

Der Abschnitt soll einen Server enthält [12] die den Namen mit diesem virtuellen Server zugeordnet anzuzeigen.

Es kann auch ein Serveralias [15] wenn wir andere Namen wollen in Website beenden.

Zum Beispiel:

```
<Virtual *>
    Serveradmin admin@site1.com
    DocumentRoot / home / site1 / root
    Server site1.com
    Serveralias www.site1.com
    AccessLog /home/site1/access.log
    ErrorLog /home/site1/error.log
    <Verzeichnis / home / site1 / root>
      AllowOverride All
    </ Directory>
</ Virtualhost>
```

Die Apache-Dokumentation auf virtuellen Servern [5] enthält detaillierte Informationen zu diesem Thema. Für diesen virtuellen Server ausgeführt wird, ist es zwingend notwendig, dass site1.com www.site1.com Namen und durch die Maschine versucht, zuzugreifen bekannt sind (derjenige, der den Browser startet). Hierzu gibt es verschiedene Methoden:

- kaufen den Domain-Namen in Frage und legen Sie es auf die richtige IP-Adresse verweist
- verwenden Sie einen DNS-Server, der die korrekte IP für die Domäne zurück
- ändern Sie die Host-Datei auf dem Client-Rechner mit der korrekten IP-Adresse, das Feld entsprechen

  (siehe das Buch Installation und Konfiguration eines Netzwerkadapter)

Konfigurationsbeispiele

Beispiele der Konfiguration. Die Menge der möglichen Richtungen sind hier zu finden:http: // httpd.

apache.org/docs/2.2/mod/directives.html

Denken Sie, dass die Richtlinien müssen in apache2.conf sein können, manchmal im Zusammenhang mit

einer bestimmten Website Virtualhost.

Servertype

Servertype standalone

Diese Linie zeigt an, ob der Apache-Server startet in autonomem (Standalone) oder über inetd (tcp_wrapper). Für
die meisten Konfiguration Standalone. Diese Richtlinie wurde von Apache 2 verschwunden, die einen anderen
Weg, es zu definieren hat. Das Verhalten wird tatsächlich nach dem MTM (Multi-Verarbeitungsmodul) ausgewählt.

ServerRoot

ServerRoot / etc / apache2

(Config-Server, nicht nur in einem Virtualhost)

Hier geben Sie das Apache-Installationsverzeichnis. Normalerweise wurden die Installationsskripts diese

Linie gut informiert. Prüfen Sie es trotzdem.

LockFile

LockFile /var/run/httpd.lock

(Config-Server, nicht nur in einem Virtualhost)

Lassen Sie diese Zeile wie sie ist, dh in 90% der Fälle kommentiert (bis #).

PidFile

PidFile /var/run/httpd.pid

(Config-Server, nicht nur in einem Virtualhost)

Stellen Sie sicher, dass diese Linie unkommentiert ist. Es erzählt die Startskript die Apache-Prozess

Nummer beim Stoppen des Apache-Prozess-Systems gestoppt korrekt zu registrieren.

Scoreboard

Scoreboard /var/run/httpd.scoreboard

(Config-Server, nicht nur in einem Virtualhost)

Diese Datei speichert Informationen für das Funktionieren von Apache.

Timeout

Timeout-300

(Config-Server, nicht nur in einem Virtualhost)

Zeit in Sekunden, bevor der Server sendet oder empfängt ein Timeout. Wenn der Server für eine „Antwort" warten (zB CGI, Verbindung \ ldots), wenn nach dieser Zeit hat er keine Antwort erhält, wird es anhalten und den Benutzer über den Fehler verhindern. Lassen Sie diese Voreinstellung, wenn Sie richtig arbeiten, insbesondere Behandlungen, die diese Grenze überschreiten. Gehen Sie nicht zu hoch sei es, weil dieser Wert, wenn das externe Programm „gepflanzt", oder wenn ein Fehler aufgetreten ist, können Sie es unzugänglich Apache zu lange machen (es immer unangenehm für irgendetwas zu warten).

Keep-Alive

Keep-Alive ist

Ob persistente Verbindungen (mehr Anfragen von Verbindungen) zu ermöglichen. In der Tat erlaubt es Benutzern zu Ihrem Server mehrere Anwendungen auf einmal und damit beschleunigen Serverantworten laufen. Lassen Sie diesen Standard der meisten Zeit. Für kleine Server lassen Sie diese Option darauf. Bei einem ausgelasteten Server, sobald Sie feststellen, dass das System dramatisch oder nicht verfügbar verlangsamt versuchen werden oft aus. Aber zuerst versuchen, den Wert auf die nächste Option zu senken.

MaxKeepAliveRequests

MaxKeepAliveRequests 100

In Kombination mit der vorherige Option, zeigt die Anzahl der Anforderungen für eine Verbindung. Lassen Sie diesen ziemlich hohen Wert für eine sehr gute Leistung. Wenn Sie den Wert 0 gesetzt ist, können Sie tatsächlich unbegrenzt (so vorsichtig sein). Lassen Sie den Standard zu Wert.

Keepalivetimeout

Keepalivetimeout 15

in Sekunden, bevor die nächste Anforderung von demselben Client auf derselben Verbindung warten Wert, bevor ein Timeout zurück. verlassen wieder die Standardeinstellung.

MinSpareServers & MaxSpareServer

MinSpareServers 5
MaxSpareServer 10

(Config-Server, nicht nur in einem Virtualhost)

Diese Werte werden an sich selbst regulierenden Serverlast verwendet. In der Tat Apache selbst steuert seine Last in Abhängigkeit von der Anzahl der Kunden dienen und der Anzahl der Anfragen, die jede Kundennachfrage. Er sorgte dafür, dass jeder allein bedient werden kann und fügt eine Reihe von Instanzen Apache „Leerlauf", das heißt, dass nichts sagen tun, sondern sind bereit, neue Kunden zu dienen, die in Verbindung bringen würden. Wenn diese Zahl kleiner als MinSpareServers fügt es eine (oder mehr). Wenn diese Zahl den Wert von MaxSpareServer überschreitet stoppt er in einem (oder mehreren). Diese Vorgaben sind für die meisten Websites.

hören

hören 3000
hören 12.34.56.78
hören 12.34.56.78:3000

Sagen Server-Ports oder IP-Adressen (es gibt eine Netzwerk-Schnittstelle vom Server!), Oder beide, wo es braucht, um „zuzuhören" Verbindungsanforderungen, IN ADDITION Adresse und Standard-Port. Siehe Richtlinie Virtual weiter.

BindAdress

BindAdress *

Redundante mit Hören, dies ermöglicht es Ihnen, die IP-Adressen der Netzwerkschnittstellen angeben, für Anfragen zu hören.
Diese Richtlinie wird in Apache 2 verschwunden.

Hafen

Port 80

Hören Sie mit redundanten, es gibt den Listening-Port (Standard 80). Diese Richtlinie wird in Apache 2 verschwunden.

LoadModule-, Clear & AddModule

LoadModule- xxxxxx.mod libexec / yyyyyy.so
Clear
AddModule zzzz.c

(Config-Server, nicht nur in einem Virtualhost)
Unterstützung für DSO-Module (Dynamic Shared Object). LoadModule- wird verwendet, um ein Modul zu laden. Vor Apache 2 ermöglichen die Clear und AddModule Sie die Ausführungsreihenfolge der Module Probleme wegen der Abhängigkeit zu spezifizieren. Apache 2 kann dies nun tun automatisch, weil die Module von APIs ermöglicht es ihnen, ihre eigene Ordnung zu spezifizieren. Apache 1. * muss jedoch sein, darauf zu achten, und halten Sie sie Strom mit dem Zusatz eines neuen Moduls.

Extended

Extended es

(Config-Server, nicht nur in einem Virtualhost)
Gibt an, ob der Server vollständige Statusinformationen (auf) oder reduziert Informationen (aus) zurückkehren. standardmäßig deaktiviert. Lassen Sie diesen Standard es sei denn, Entwicklung und Debugging.

Benutzer & Gruppen

Benutzer nobody
Gruppe niemand

Nach dem Starten des Servers, wäre es gefährlich, es als root zu verlassen Anfragen zu beantworten. Es ist daher möglich, den utiliseur und Gruppenprozess zu ändern, um ein Minimum von Rechten auf dem Server zu geben. (In der Tat, wenn jemand kommt den Server, zum Beispiel zu „verwerten", wenn Sie Ausführen von Code mit dem Apache-Server passieren, erbt sie die Rechte des Servers selbst. Also, wenn niemand es tut kein spezifisches Gesetz. Wenn es ist ein echter oder Root-Benutzer, dann wird es die Rechte Ihr System zu beschädigen hat.)

Serveradmin

Serveradmin root@localhost.domainname

E-Mail-Adresse des Site-Administrator. Diese Adresse wird von dem Server, zum Beispiel im Fall eines Fehlers angezeigt, so dass die Benutzer den Administrator benachrichtigen können.

Server

Server www.domainname

Adresse, die der Server an den Web-Client angezeigt werden können. Am besten ist es eine aufgelöste Adresse von DNS setzen anstelle des Namens der tatsächlichen Maschine, so dass die Besucher nicht den tatsächlichen Namen Ihrer Maschine (nützlich für die Sicherheit auch) sehen.

DocumentRoot

DocumentRoot / var / lib / apache / htdocs

Wurzel oder ist Ihr Web-Seiten-Verzeichnis.

Verzeichnis

```
<Verzeichnis / var / lib / apache / htdocs>
    Options Indexes FollowSymlinks Multiviews
    AllowOverride None
    Bestellen Sie Zulassen, Abweisen
    Lassen Sie von allen
</ Directory>
```

Ändern Sie die Einstellungen des Verzeichnis / var / lib / Apache / htdocs. Kann innerhalb der folgenden Richtlinien aufgestellt werden:

Optionen

die Optionen für dieses Verzeichnis definiert. Die Optionen sind:

keiner	Deaktivieren Sie alle Optionen.
alle	Aktive alle Multiviews AUSSER Optionen.
Indizes	Ermöglicht es Benutzern, haben indexs vom Server generiert. Das heißt, wenn der Verzeichnis-Index (der index.html + oft wird) fehlt, ermöglicht es dem Server den Verzeichnisinhalt (gefährdende Liste nach den Inhaltsdateien in diesem Verzeichnis).
FollowSymLinks	Erlaubt zu symbolischen Links zu folgen.
ExecCGI	Lassen Sie CGI-Skripte aus diesem Verzeichnis auszuführen.
enthält	Ermöglicht Dateien auf dem Server enthalten.
IncludesNOEXEC	Ermöglicht, sondern schließt aber verhindert EXEC-Befehl (den Code auszuführen erlaubt).
Multiview	Ermöglicht mehrere Ansichten in einem Kontext. Zum Beispiel nach Seiten in einer Sprache angezeigt werden, um die Kunden Sprachkonfiguration.
SymLinksIfOwnerMatch	Erlaubt Links zu folgen nur, wenn die Benutzer-ID-Datei (oder das Verzeichnis), an dem die Verbindung das gleiche ist wie Link.

AllowOverride

definiert, wie .htaccess-Datei in dem Verzeichnis verwaltet:

alle	Leitet alles in .htaccess
AuthConfig	Ermöglicht AuthDBMGroupFile Berechtigungen Richtlinien AuthDBMUserFile, AuthGroupFile, AuthName, AuthType, AuthUserFile, Erfordern usw.
Fileinfo	Aktive Funktionen die Art des Dokuments (Errordocument, Language, etc.) steuern
Limit	Aktivieren Begrenzung Genehmigungsrichtlinie
keiner	Sie nicht die .htaccess-Datei lesen und die „Linux" Rechte zu diesem Verzeichnis lassen.
Optionen	Aktive Richtlinie Option

bestellen

Geben Sie die Reihenfolge der Anwendung der Allow / Deny:

leugnen, erlauben	Wenn der Kunde keine Regel überein leugnen, aber passt in der Regel erlauben, dann erlauben wir (standardmäßig zulassen).
Zulassen, Abweisen	Wenn der Kunde nicht mit irgendwelchen Regeln erlauben, sondern entspricht in der Regel verweigern, verboten ist (verweigert Standard). \ Hline

Erlauben / Ablehnen

Host-Name	Zulassen / Verweigern den angegebenen Hosts, IP-Adressen, Domain-Namen, etc ...
alle	Erlauben / Verweigern jeder

Um Sie platzieren Sie Ihre Regeln, je nach Inhalt des Verzeichnisses zugänglich im Internet. Es gelten die gleichen Regeln für die Datei (<Dateien> </ Files>) und Mieten (<Location> </ Location>). Siehe Beispiel für Dateien (Datei) unten.

DirectoryIndex-

DirectoryIndex- index.html index.htm index.php index.php5

Gibt die Datei zu laden, wenn ein Verzeichnis zugreifen, ohne Datei angeben. In diesem Beispiel, wenn Sie Zugriff auf http://example.com/repertoire/, Apache wird für die aufgelisteten Dateien suchen (index.html, index.htm ...), und wenn es eine findet, wird es angezeigt werden soll. Wenn es eine nicht findet, wird es eine Liste von Dateien angezeigt werden oder dem Zugriff verweigert (abhängig von der Anwesenheit oder nicht von der Indizes Option im Verzeichnis).

Access

.htaccess Access

Dateiname der Zugriffsregeln für AllowOverride Regeln. Tipp: Legen Sie wie oben Regel gesehen eine Zeile wie:

```
<Files .ht *>        # Besucher zu verbieten, den Inhalt der Ordnung erlauben zu sehen, verweigern
                #fichiers .ht enthält Regeln
   Verweigern von allen # Sicherheit.
   </ Files>
```

CacheNegotiatedDocs

#CacheNegotiatedDocs

Ob Proxies zu ermöglichen Dokumente im Cache (zu ermöglichen, entfernen Sie den Kommentar # Anfang der Zeile)

UseCanonicalName

es UseCanonicalName

Oben auf sie, schreibt die URL an den Werten Server und Port früher in der httpd.conf angegeben. Ein Aus, bleibt die URL der einen vom Kunden angegeben.

Die Aufmerksamkeit wird angelegt, wenn Sie CGI mit SERVER_NAME Variablen verwenden, da, wenn die URL der Client ist nicht das gleiche wie CGI, Ihr CGI-Skript wird nicht funktionieren.

Default

Default text / plain

MIME-Typ standardmäßig gibt den Server an Clients. Passt in den meisten Fällen.

HostNameLookups

HostNameLookups off

Auf einem Client-Server-Name durch Reverse-DNS-Abfrage. Ansonsten er nur die IP-Adresse, die viel weniger Netzwerkverkehr erzeugt.

ErrorLog

ErrorLog / var / log / error_log

vollständiger Dateipfad, wo Fehler aufgezeichnet werden.

LogLevel

logLevel warnen

Fehler Aufnahmepegel wie möglich mit Werten, in der Reihenfolge ihrer Bedeutung, wodurch sich Chatter in:

emerg	Notfall: Der Server wird unbrauchbar
Alarm	Intervention ist notwendig
krit	kritische Fehler (Netzwerkzugriff nicht zum Beispiel)
Fehler	Fehler in den Seiten, Skripte
warnen	Nicht-fatale Fehler (schlecht codierte Seiten, Skripte mit nicht blocantes Fehler ...
Bekannt machun g	normale Ereignis aber verdient bemerkt zu werden
Info	Informationen (wie zB „ausgelasteter Server")
debugge n	Spart kann alles auf dem Server passieren

Das Kriterium Ebene ist das empfohlene Minimum, und beträgt in der Regel zu warnen.

Serversignature

Serversignature es

ein	fügt Unterschrift (Version, OS ...), wenn der Server generieren Seiten selbst (fehlenden Index, Skriptfehler, etc.)
aus	zeigt nur den Fehler.
Mail fügt einen Link zu der E-Mail, die durch Serveradmin	

alias

Alias faux_nom realname

ermöglicht Aliase Verzeichnisse (Links irgendwie) (ähnlich wie Script / cgi-bin chemin_complet_des_cgi

AddType

AddType Art Erweiterungen

(Unter Apache 2, sollte diese Richtlinie in sein einer Mod-Datei verfügbaren / nom_module.conf statt apache2.conf)

Gibt an, dass Dateien solche Erweiterungen sind vom Typ angegeben ist. Dies wird darüber entscheiden,

was zu tun ist. Um PHP-Unterstützung, die mods-enabled Datei / php5.conf enthält beispielsweise

hinzufügen:

```
AddType application / x-httpd-php .php .phtml .php3 AddType
application / x-httpd-php-source .phps
```

AddHandler

AddHandler cgi-script .cgi

Um CGI-Skripte zu verwenden.

Referenzen

[1] http://httpd.apache.org/docs/2.2/invoking.html
[2] http://httpd.apache.org/docs/2.2/configuring.html
[3] http://httpd.apache.org/docs/2.2/mod/core.html#include
[4] http://httpd.apache.org/docs/2.2/dso.html
[5] http://httpd.apache.org/docs/2.2/vhosts/
[6] http://httpd.apache.org/docs/2.2/mod/core.html#documentroot
[7] http://httpd.apache.org/docs/2.2/mod/mod_userdir.html#userdir
[8] http://httpd.apache.org/docs/2.2/mod/mod_dir.html#directoryindex
[9] http://httpd.apache.org/docs/1.3/mod/core.html#options
[10] http://httpd.apache.org/docs/2.2/mod/core.html#accessfilename
[11] http://httpd.apache.org/docs/2.2/mod/mpm_common.html#listen
[12] http://httpd.apache.org/docs/2.2/mod/core.html#servername
[13] http://httpd.apache.org/docs/2.2/mod/core.html#options
[14] http://httpd.apache.org/docs/2.2/mod/core.html#allowoverride
[15] http://httpd.apache.org/docs/2.2/mod/core.html#serveralias

Netzwerkadministration Linux / ProFTPD

FTP ist ein File-Sharing-Protokoll.

Ein FTP-Server bietet einige Plattenverzeichnis und verwaltet Passwort-Authentifizierung. Es verbindet sich mit dem Server mit einem FTP-Client.

Dieses Dokument stellt die Konfiguration eines Servers ProFTPd [1] unter Debian. Die Verwaltung von Zugriffsrechten und die Konfiguration sind sehr ähnlich zu denen von Apache.

Installation und den Start

Auf Debian ist ProFTPD in einem Paket zur Verfügung und kann mit dem Befehl installiert werden

apt-get install proftpd

Es ist auch möglich, seine eigenen Bedürfnisse von Quelle zu konfigurieren spuelen. Dies legt die Module zu verwenden.

```
tar zxvf proftpd-1.xxtar.gz
CD proftpd-1.xx
./configure --with-Module=mod_ratio: mod_sql machen
```

machen installproftpd

Es startet automatisch die Installation und Inbetriebnahme.

Das Skript zum Starten, Stoppen oder Neustart /etc/init.d/proftpd.

Konfigurationsdatei

Die Hauptkonfigurationsdatei ist /etc/proftpd/proftpd.conf.

Alle Anweisungen sind auf der Website von ProFTPD beschrieben [2]. Die wichtigsten sind die folgenden Kontrollen
:

Servername „,'name,'"
Beschreibung = Gibt den Namen des Servers, der auf Kunden angezeigt

AccessGrantMsg " " message ""
description = Begrüßungsnachricht.
comment = Die Nachricht kann Platzhalter wie% u (hier der Name des Benutzers) enthalten

<Limit ...> ... </ Limit>
Beschreibung = Erlaubt oder verweigert die Verwendung bestimmter FTP-Befehlen. Kommentare =

Zum Beispiel erlaubt der nächste Abschnitt der MKDIR Befehl nur Benutzer foo und Bar:

<Limit MKDIR>
    Lassen Sie foo bar
    Deny All
</ Limit>

Servertype ‚' Typ ‚'
description = Legt fest, wie der Server empfängt die
Netzwerkverbindungen.
Kommentare =
Wenn der Typ Standalone ‚' ist, wird ein Elternprozess im Netzwerk gestartet und hören werden.
  Wenn der Typ ‚inet' ‚ist', wird der Server gestartet werden
durch inetd (tcp_wrapper).
In allen Fällen wird es ein Prozess, durch FTP-Verbindung gestartet werden.

MaxInstances 30
Beschreibung = wird die Anzahl von gleichzeitigen Prozessen erlaubt

Benutzer nobody
Gruppe niemand
description = zeigen an, dass der Server mit den Gruppen-IDs und Benutzer niemandem durchgeführt werden soll

ExtendedLog /var/log/ftp.log
description = die Protokolldatei Namen angibt

umask 022
description = legt die Rechte an ‚' entfernen ‚' ,, um Dateien auf FTP erstellt. 022 Mittel, die
Schreibrechte sind aus der Gruppe und ‚' andere ‚' für jede neue Datei entfernt.

AllowOverwrite es
description = ermöglicht es einem Benutzer, eine Datei zu überschreiben, die ihm gehört.

UseFtpUsers es
description = aktive Nutzung der Datei / etc / ftpusers, die die Benutzerliste gibt, die auf den FTP-Server funktioniert ‚' ‚nicht' ‚' Zugang.

AllowUser ‚' Liste der Benutzer ‚'

Beschreibung = in einem Kontext platziert werden <Limit ...> ... </ Limit> definiert, die autorisiert ist, die Blocksteuer ‚' Limit ‚laufenden auszuführen.

DenyUser ‚' Liste der Benutzer ‚'

description = platzieren in einem Kontext <Limit ...> ... </ Limit> definiert, die nicht erlaubt ist, die Steuerung des Strombegrenzungsblockes auszuführen.

AllowStoreRestart

description = erlauben Kunden Uploads an den Server fortzusetzen.

DefaultChdir / var / ftp

Beschreibung = Gibt das Standardverzeichnis des Servers.

Nutzer comment = werden in diesem Verzeichnis abgelegt bei der Anmeldung.

DefaultRoot / var / ftp

description = erklärt das Verzeichnis als Root-Dateisystem.

UserRatio

description = ermöglicht die Verwaltung Verhältnisse.

Kommentare =

UserRatio ‚' name ‚' 2 10 5 4096 </ code> gibt an, dass der Benutzer ‚' name ‚' berechtigt ist, zwei Dateien auf dem Server jedes Mal, sich zu erholen, dass er vorstellen wird.

Es gibt es eine Gutschrift von 10 Dateien zu starten.

Außerdem auf 1 Byte abgelegt, es wird 5 Bytes empfängt und hält einen 4-KB-Kredit. Anstelle eines Namens kann auch * dass definiert Verhältnisse standardmäßig verwendet werden.

SaveRatios es

description = verwendet, um festzulegen, dass wir den Kredit der einzelnen Benutzer zwischen den Sitzungen gespeichert werden sollen.

RatioFile / Verhältnis / RatioFile

RatioTempFile / Verhältnis / RatioTempFile

description = geben Sie die Dateinamen Informationen über Benutzer-Verhältnisse zu speichern.

FileRatioErrMsg „Sie haben nicht genug heruntergeladenen Dateien"
ByteRatioErrMsg „Sie haben nicht genug von Bytes heruntergeladen"

description = zeigen, dass ein Benutzer seine Quote von Nachrichten überschritten hat.

<Verzeichnis " 'Verzeichnis'> ... </ Directory>

Beschreibung = Dieser Abschnitt enthält die Rechte auf das Verzeichnis, und alles darin.

Kommentare =

Zum Beispiel:

<Verzeichnis / var / ftp / Verhältnis>

   <Limit ALL>

    Deny All

   </ Limit>

   HideNoAccess es

</ Directory>

Hier verbieten wir eine Operation auf dem Verhältnis Repertoire dank <Limit ALL>.

HideNoAccess

description = Abdeckung alle Einzelteile für Benutzer nicht zugänglich.

<Anonymous " Verzeichnis "> ... </ Anonymous>

description = Konfigurieren des anonymen Zugriffs

Kommentare =

Beispiel:

<Anonym / home / ftp>

   # Nach anonymer Anmeldung, geht unter dem Benutzer / ftp-Gruppe. Benutzer ftp

   Gruppe ftp

   # Spiele das Login "anonymous" in Unix "ftp" anonymous ftp UserAlias Konto

   # Lassen Sie Konten ohne „Shell" ist oft der Fall, das Konto „ftp" RequireValidShell off

   # Verbietet das Schreiben überall

   <Verzeichnis *>

     <Limit WRITE>

     DenyAll

     </ Limit>

   </ Directory>

   # Ermöglicht das Schreiben in „incoming", aber nicht lesen <Verzeichnis

   incoming>

     <Limit READ>

     DenyAll

     </ Limit> <Limit

     STOR>

       AllowAll </

     Limit>

   </ Directory>

</ Anonymous>

Damit der Server die neue Konfigurationsdatei zu berücksichtigen, neu zu laden, den Daemon mit:

/etc/init.d/proftpd Neustart

Beispiel proftpd.conf Datei:

1. Dies ist eine grundlegende ProFTPD-Konfigurationsdatei (benennen Sie sie in # ‚proftpd.conf' für

2. tatsächliche Nutzung. Er stellt einen einzelnen Server

3. Es setzt voraus, dass Sie-haben einen Benutzer / Gruppe

4. „Niemand" für den Normalbetrieb.

Servername „ProFTPd Linux Service" Servertype standalone Default es

1. Damit Clients die Downloads zusammenfassen, sehr nützlich.

2. Denken Sie daran, weg zu setzen, wenn für einen eingehenden FTP-Upload-you-have.

AllowStoreRestart es

1. Port 21 ist der Standard-Port

FTP. Port 45000

1. Umask 022 ist ein guter Standard-umask Prävention neue Verzeichnisse und Dateien zu verhindern
2. aus weißer Gruppe und Welt beschreibbar sein.

umask 022

1. Die Begrenzung Bandbreite lesen:

RateReadBPS 14000

1. Um Schutz vor DoS-Angriffen, die maximale Anzahl von Kindern pro zesse zu verhindern
2. bis 30. Wenn Sie mehr als 30 gleichzeitige Verbindungen ermöglichen müssen
3. auf einmal, einfach diesen Wert erhöhen. Man beachte, dass dies nur funktioniert,
4. Im Standalone-Modus, in inetd Mode shoulds verwenden Sie einen inetd-Server
5. Das erlaubt Ihnen, maximale Anzahl von pro zesse zu begrenzen pro Portion
6. (Wie xinetd)

MaxInstances 30

1. Stellen Sie die Benutzer- und Gruppen que la Normalerweise

Server an läuft. User nobody Group nogroup

1. Maximale Anzahl der Clients
2. MaxClients 3

1. Max Anzahl der Kunden pro Host
2. MaxClientsPerHost 1

1. Maximale Anzahl der

Anmeldeversuche MaxLoginAttempts 3

1. Begrüßungsnachricht nach einer erfolgreichen

Anmeldung AccessGrantMsg „% u Home

Willkommen!"

1. Nicht zu geben, Informationen auf

dem Server ab DeferWelcome

1. Regeln Limitaufträge ...

<Limit MKD RNFR RNTO DELE RMD STOR CHMOD CHMOD SITE SITE WRITE XCUP XRMD PWD
XPWD>

DenyAll

</ Limit>
<Global>

DefaultRoot / var / ftp
AllowOverwrite ja
MaxClients 3
MaxClientsPerHost 1
UseFtpUsers es
AllowForeignAddress es
ServerIdent auf "ProFTP DUF der Server Ready"
AccessGrantMsg "Willkommen auf dem Server% u"

</ Global>

1. Schreiben für Virtual Server

<Virtual ftp.duf.com>

Servername „Mein FTP-Server virtuelle Nummer 1"
Port 46000
maxclients 3
MaxClientsPerHost 1
DefaultRoot / var / ftp
AccessGrantMsg "Welcome"

</ Virtualhost>

FTP-Client

Es gibt viele FTP-Clients. Einige sind im grafischen Modus, andere im Textmodus. Internet Browser erlaubt auch auf einen FTP-Server zu verbinden.

ftp

Die einfachste und häufigste Kunde ist der FTP-Befehl. Es existiert auch in Windows-Kommandozeile.

Die verfügbaren Befehle werden in der Manpage beschrieben. Die wichtigsten sind: helfen, offen, ls, erhalten, setzen ...

Navigator

Um einen FTP-Server von einem Webbrowser aus zugreifen, verwenden Sie eine bestimmte Adresse. Für anonyme Anmeldung können Sie ftp: // server / oder ftp: // server / path.

Um eine Verbindung mit einem Passwort, Verwendung ftp: // user: password @ server /.

Referenzen

[1] http://www.proftpd.org
[2] http://www.proftpd.org/docs/

Netzwerkadministration Linux / DHCP

Der DHCP (Dynamic Host Configuration Protocol) ist ein Netzwerkprotokoll, deren Aufgabe ist es, die automatische Konfiguration von Netzwerkeinstellungen von einer Station zu gewährleisten, einschließlich automatisch einen IP-Adresse und Subnet-Maske zuweisen.

DHCP wird oft von Stationen Parkverwaltung implementiert, wie es großen Vorteil bietet die Konfiguration von Stationen auf einer einzigen Maschine zu zentralisieren: DHCP-Server. Die Hauptgefahr von DHCP ist, dass bei einem Ausfall des DHCP-Servers, ist keine weitere Station auf das Netzwerk zugreift.

Es gibt zwei einen DHCP-Server Haupt verwendet:

*   eine feste Konfiguration an bestimmten Positionen zuweisen (man sich mit ihrer MAC-Adresse erkennt)
*   und weist eine dynamische Konfiguration in unbekannten Positionen.

Man kann zum Beispiel eine feste IP-Adresse zu einigen Servern und Variablen-Adressen an andere Positionen zuweisen. Das Protokoll ist für eine Stelle ausgebildet, die wieder in das Netz die gleiche Adresse erhält er das erste Mal hatte. Es wird ihm einige Zeit (die Lease-Zeit) reserviert.

Konfiguration

Die Hauptkonfigurationsdatei ist /etc/dhcp/dhcpd.conf. Die Syntax ist in dhcpd.conf Mann beschrieben.

Es verfügt über globale Optionen, in der Regel am Anfang gelegt, und die Sektionen für jeden Host oder ein Netzwerk konfiguriert werden.

Nach jeder Konfigurationsänderung müssen Sie den Server neu starten:

/etc/init.d/isc-dhcp-server Neustart

Wenn es nicht neu gestartet wird, wird das Detail des Fehlers in der Regel im Verzeichnis / var / log / syslog befindet

Schnittstellen

Standardmäßig ist die DHCP (Dynamic Host Configuration Protocol) an allen Schnittstellen gestartet. In diesem Fall ist es zwingend notwendig, eine Netzwerk-Schnittstelle in dhcpd.conf zu konfigurieren.

So wählen Sie Schnittstellen, auf dem der Server ausgeführt wird, müssen Sie die Datei / etc / default / isc-dhcp-Server anzeigt, wie zum

INTERFACES = "eth1 eth2"

Es ist zwingend notwendig einen Abschnitt „Subnetz" (siehe unten) für jede Netzwerkschnittstelle zu haben.

dynamische Adresse

Um einen Bereich von Adressen zu konfigurieren, um dynamisch zuweisen, um unbekannte MAC-Adressen, Subnet-Abschnitt wird in dhcpd.conf verwendet. Das folgende Beispiel soll zuweisen Adressen im Bereich von 192.168.1.101 und 192.168.1.199:

Subnetz 192.168.1.0 netmask 255.255.255.0 {
    Bereich 192.168.1.101 192.168.1.199;
}

feste Adresse

Um eine feste Adresse für eine Position zu geben, müssen Sie die MAC-Adresse kennen und einen Host-Abschnitt schreiben. Zum Beispiel tritt der folgende Abschnitt die Adresse 192.168.0.47 Kobalt Station, des MAC-Adresse 00: 13: d4: bd: b7: 9a:

Host-Kobalt {
    Hardware-Ethernet-00: 13: d4: bd: b7: 9a;
    Fest Adresse 192.168.0.47;
}

Optionen

Der DHCP-Server kann auch andere Informationen wie die IP-Adresse angeben. Diese Optionen können global festgelegt werden, indem sie außerhalb jeder Abschnitt platzieren. Sie werden dann auf alle Bereiche gelten, die nicht neu definieren. Wenn in einem speziellen Abschnitt platziert, gelten sie nur sie.

Die Domain-Name-Server-Option zB die Position Adressen des DNS-Servers, um anzuzeigen. Die Option gibt den Gateway-Router.

Alle Optionen werden in der Manpage beschrieben. Man kann auch diese Internet-Dokumentation [1] konsultieren.

Referenzen

[1] http://www.linuxmanpages.com/man5/dhcpd.conf.5.php

Netzwerkadministration Linux / netfilter

Netfilter ist ein Modul welche Filter und manipulieren Netzwerkpakete die durch das System übergeben.
es bietet Linux :

- Funktionen Firewall einschließlich der Maschinensteuerung, die Ports, an denen anmelden kann von außen nach innen oder von innen nach außerhalb des Netzwerks;
- von Adressübersetzung (NAT) eine Internetverbindung (Masquerading) zu teilen, die LAN-Maschinen verstecken, oder umleiten Verbindungen;
- und die Protokollierung Verkehr Netzwerk.

iptables ist die bestellen für die Konfiguration von Netfilter.

Betrieb

Netfilter abfängt Netzwerkpakete zu den verschiedenen Teilen des Systems (beim Empfang vor ihnen zu übertragen, zu verarbeiten, bevor sie an die Netzwerkkarte zu senden, etc.). Die abgefangenen Pakete passieren durch die Kanäle, die bestimmen, was das System mit dem Paket tun sollte. Durch Änderung dieser Kanäle werden wir in der Lage sein, einige Pakete zu blockieren und andere weitergeben.

Filter

In seiner einfachsten Betrieb lässt Netfilter nehmen oder die Pakete in und aus passieren.

Er sieht, dass drei Hauptkanäle:

- eine INPUT Kette zu filtern Pakete an das System,

- eine OUTPUT Ketten Pakete durch das System übertragen Prozess zu filtern,

- und eine FORWARD-Kette für Filtern von Paketen, die das System laufen müssen.

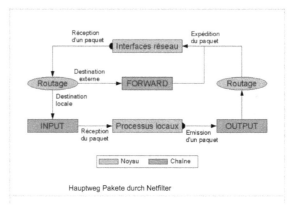

Hauptweg Pakete durch Netfilter

Durch die Zugabe von Regeln in diesen Ketten Pakete passieren oder verwerfen auf der Grundlage bestimmter Kriterien werden kann.

Ketten

Ein String ist ein Satz von Regeln, die angeben, welche Pakete zu tun, die durchlaufen.

Wenn ein Paket ankommt, in einer Kette:

- Netfilter-Uhren die erste Regel in der Kette,
- dann sehen, wenn die Kriterien der Regel auf das Paket entspricht.
- Wenn das Paket übereinstimmt, wird das Ziel ausgeführt (das Paket verwerfen, passieren, etc.).
- Andernfalls nimmt Netfilter die neue Regel und vergleicht das Paket. Und so weiter, bis die letzte Regel.
- Wenn keine Regeln für den Verlauf der Kette unterbrochen haben, wird die Standardrichtlinie angewendet.

Regeln

Eine Regel ist eine Kombination von Kriterien und ein Ziel. Wenn alle Kriterien zu dem Paket entspricht, wird das Paket an das Ziel gesendet.

Die zur Verfügung stehenden Kriterien und mögliche Aktionen hängen von der manipulierten Kette.

Syntax

Die Syntax für iptables und alle Optionen sind in der Manpage beschrieben.

Für jede Einstellung gibt es typischerweise eine lange Form mit zwei Bindestrichen (zB --append) und eine kurze Form mit einem einzigen Bindestrich (zB -A). Verwenden Sie eine oder der andere spielt keine Rolle, sie sind gleichwertig. -A | Beide Möglichkeiten sind oft in der Dokumentation in Form --append vertreten.

Die in Klammern angegebenen Parameter (zB [-t <table>]) sind optional.

Die zwischen oberen und unteren (zum Beispiel <table>) muss ersetzt werden durch einen Wert befindet.

Die allgemeine Form für die Verwendung von iptables ist die folgende:

iptables [-t <table>] <Befehl> <Optionen>

Die Standardtabelle ist die Filtertabelle.

Befehle

Die wichtigsten Bedienelemente sind:

--list | -L [<string>]

Zeigt die Regeln in Kanälen oder nur den ausgewählten Kanal.

Wenn die Parameter -v vor diesem Befehl gesetzt wird, wird auch angezeigt, die Anzahl der Pakete, die durch jede Regel übergeben.

--append | -A <string> <Kriterien> j <target>

Fügt eine Regel am Ende des <string> string. Wenn alle Kriterien des Pakets übereinstimmen, wird es an das Ziel gesendet.
Siehe unten für eine Beschreibung der Kriterien und möglichen Ziels.

--insert | -I <string> <Kriterien> j <Ziel> Wie --append fügt

aber hinzu, um die Regel zu Beginn der Zeichenfolge. --

delete | -D <string> <Kriterien> j <target>

Löscht die entsprechende Regel in der Kette.

--flush | -F [<string>]

Löschen Sie alle Regeln aus Kette. Wenn kein String angegeben wird, werden alle Ketten aus der Tabelle gespült werden.

--policy | -P <string> <target>

Bestimmt das Ziel, wenn keine Regeln für den Verlauf unterbrochen und, dass das Paket erreicht das Ende der Zeichenfolge.

Kriterien

Mögliche Kriterien sind vielfältig. Hier sind einige Beispiele:

--protocol | [!] -p <Protokoll>

Das Protokoll <Protokoll>. Mögliche Protokolle sind TCP, UDP, ICMP, alle oder ein numerischer Wert. Die Werte von / etc / protocols sind ebenfalls verwendbar. Wenn ein Ausrufezeichen vor dem Protokoll ist, entspricht das Kriterium nur zu verpacken, wenn es nicht Protokoll angegeben ist.

--source | [!] -s <address> [/ <mask>]

Die Quelladresse ist <Adresse>. Wenn eine Maske angegeben wird, werden nur aktive Teile der Maske verglichen werden. durch

Beispiel, wenn das Schreiben es 192.168.5.0/255.255.255.0, alle Adressen zwischen 192.168.5.0 und 192.168.5.255 Spiel. Wir können auch die Maske in Form einer Anzahl von Bits schreiben (/ 8 entspricht 255.0.0.0, / 24 auf 255.255.255.0, usw.) Die Standardmaske / 32 (/255.255.255.255) oder die gesamte Adresse.

Ein Ausrufezeichen wird das Paket nicht überein, wenn es nicht die Quelladresse ist.

--destination | [!] -d <address> [/ <mask>]

Als --source aber für die Zieladresse.

--dport [!] <port>

Der Zielport <port>. Es ist zwingend notwendig, das Protokoll (-p tcp oder udp -p), wie auch in anderen angeben

Protokolle kein Port-Konzept.

--sport [!] <port>

Als --dport aber der Quell-Port.

-i <Schnittstelle>

Die Netzwerkschnittstelle, auf der das Paket stammt. Verwendbar nur in der INPUT-Kette.

-o <interface>

Die Netzwerkschnittstelle, die aus dem Paket geht. Verwendbar nur in der OUTPUT und FORWARD-Ketten.

--icmp- <type>

Wenn das Protokoll ICMP ist, gibt einen bestimmten Typ. Beispiele für Arten: Echo-Request für eine Sende „Ping" Echo-Antwort auf die Antwort auf „ping"

Ziele

Die Hauptziele sind:

j ACCEPT

Ermöglicht wird das Paket zu gehen und unterbricht seine Reise in der Kette.

j DROP

Wirft das Paket, ohne den Sender zu informieren. Der Weg der Kette unterbrochen wird.

j REJECT

Wie DROP aber verhindert, dass der Sender, der das Paket verworfen wird. Die Antwort an den Sender geschickt ist auch ein

Paket, das die Ausfahrt Regeln erfüllen passieren.

-j LOG [--log-level <level>] [--log-prefix <prefix>]

Speichern Sie das Paket in den Systemprotokollen. In <level> standardmäßig wird das Paket auf dem

Hauptkonsolensystem angezeigt.

Dieses Ziel ist nützlich, einige Pakete zu sehen, die (für das Debuggen oder alarmieren) übergeben.

Einzelnutzung

Das Prinzip ist ganz einfach zu verstehen. Ein IP-Paket an Ihrer Maschine ankommt, müssen Sie entscheiden, was Sie tun. Sie können (ACCEPT), reject (REJECT) oder Denier (DROP) akzeptieren. Der Unterschied zwischen den letzten beiden Betriebsarten wird der Sender zu verhindern ist oder nicht, dass sein Paket abgelehnt wurde (mit REJECT verhindert wird, aber nicht mit DROP).

Drei Arten von Paketen können die Firewall passieren. Abgehende Pakete (OUTPUT), Inbound (INPUT) oder „nebenbei", das heißt, dass nur hüpfen auf dem Router umleiten muss FORWARD).

Um die Regeln der Annahme / Ablehnung zu organisieren, ist das Verfahren wie folgt: - INPUT, OUTPUT, FORWARD, werden Kanäle genannt - Regel eine Reihe von Attributen, die entsprechen (oder nicht) ein Paket: Quell-IP, IP Ziel, Quellport, Zielport-Protokoll. . . - wenn ein Paket durch die Firewall durchläuft, wird es in der entsprechenden Zeichenfolge geroutet - dann werden die Regeln der Kette nacheinander getestet, um, auf der Verpackung. Wenn das Paket eine Regel entspricht, stoppt er. Wenn die Regel ACCEPT sagt, wird das Paket akzeptiert. Wenn es DROP sagt, wird es ignoriert. Wenn Staaten REJECT, wird es mit Freispruch abgelehnt. Die folgenden Regeln werden nicht geprüft.

- wenn keine Regel das Paket übereinstimmt, wird die Standardrichtlinie angewendet. Er kann sich auf ACCEPT, DROP oder REJECT gesetzt werden.

Es ist sicherer (aber länger zu implementieren) eine DROP Standardrichtlinie verwenden und erstellen Sie Regeln akzeptieren.

Die iptables Syntax:

iptables | I String -i (oder -o) -p-Protokoll-Schnittstelle --sport [anfang [:
port_fin] [, autre_port ...]] --dport [anfang [: port_fin] [, autre_port]]
-s -d adresse_source adresse_dest Politik j

Es gibt natürlich noch viele andere Optionen.

Erstellen und Anwenden von Regeln

Alle iptables-Befehle werden direkt auf der Terminal-Befehlszeile eingegeben. Es ist praktischer, sie in einer Skriptdatei zu schließen und das Skript ausführbar (chmod + x) zu machen. Geben Sie nur die Mindestrechte auf diese Datei, damit es nicht und von jedem verändert gelesen werden kann. Datei Beispiel:

#! / Bin / sh
 # Deaktivieren Sie alle Regeln vor allem, um von einem Basis

 # besitzen und genau wissen, was Sie tun
iptables -F

 # Legen Sie eine Standardrichtlinie die normalste von allen ist untersagen

 # Standard und erlauben nur bestimmte Pakete.
 # „DROP" Tropfen-Pakete, „Reject" ablehnt mit Freispruch der Absender

 # oft setzt „DROP" an die INPUT (wir geben keine Informationen
ein
 # Pirat möglich) und „Ablehnen" für die Ausgabe und FORWARD (eine Dose so

 # Abrufen von Informationen über sich selbst), aber nicht erlauben iptables REJECT

```
#  die Standardrichtlinie iptables -P
INPUT DROP iptables -P OUTPUT
iptables DROP -P FORWARD DROP


#  Lassen Sie den Verkehr auf der Loopback-Schnittstelle: -A
INPUT -i lo iptables j ACCEPT
iptables OUTPUT -o lo -j ACCEPT


#  Dann ist es an Ihnen, die Regeln hinzufügen zu machen Funktion

#  die Dienste mögen Sie auf Ihrem Computer verwenden.
```

einige Beispiele

Um die INPUT-Kette der Filtertabelle (die Standardtabelle) leer:

INPUT iptables --flush

Die Standardrichtlinie ist es, alle Pakete zu übernehmen, die für die Sicherheit in der Regel eine schlechte Wahl ist. diese Regel auf die FORWARD-Kette der Filtertabelle zu ändern:

iptables -P FORWARD DROP

So übergibt die Pakete auf Hafen *telnet* Ich stamme aus einer LAN (Langform):

INPUT iptables --append --protocol --destination TCP-Port telnet --source 192.168.13.0/24 --jump ACCEPT

Ignorieren die anderen eingehenden Pakete auf Port (Software) | Hafen *telnet* (Kurzform):

-A INPUT -p tcp iptables --dport telnet j DROP

So weisen Sie eingehende Pakete auf die Hafen 3128, häufig verwendet, um *Proxies* :

-A INPUT -p tcp iptables --dport 3128 -j Telnet auf Ihrem

Computer ermöglichen REJECT (Telnet-Server):

-A INPUT -p tcp iptables --dport telnet j iptables -A ACCEPT

OUTPUT -p tcp telnet --sport j ACCEPT

Damit Telnet von Ihrem Rechner (Telnet-Client):

iptables OUTPUT p tcp telnet --dport j iptables -A INPUT ACCEPT -

p tcp telnet --sport j ACCEPT

Destination NAT:

iptables -t nat -A PREROUTING -p tcp --dport 80 -j DNAT --to 192.168.0.1

Der FTP-Fall

FTP ist schwierig, mit einer Firewall zu verwalten, da es mehr Verbindungen verwendet. Wenn per FTP auf einen Server zu verbinden, haben wir einen sogenannten Steueranschluss für Befehle an den Server senden. Dann für jede Dateiübertragung und jeden Verzeichniseintrag, eine neue Datenverbindung erstellt.

Der Firewall umgehen kann sehr gut die Steuerverbindung, nicht aber die für die Übertragung, wie sie von unbestimmten Häfen erfolgen. Auf einig FTP-Server verwenden, um eine Reihe von Ports eingestellt werden kann, und in diesem Fall kann einfach NAT sein.

Es ist auch möglich, das „conntrack ftp" zu verwenden. Es ist ein Modul, das Netfilter FTP-Verbindungen steuern zu erfassen Datenverbindungen inspiziert. Er sagt dann den Kernel, die diese Verbindungen zu einem anderen Anschluss verbunden sind (RELATED). Um diese Verbindungen mit iptables mit dem Zustandsmodul zu ermöglichen.

Dies erfordert ip_conntrack_ftp Lademodul

modprobe ip_conntrack_ftp

Und damit zusammenhängende Verbindungen zur Ein- und Ausgabe genehmigen:

iptables INPUT -m state --state RELATED -j iptables -A ACCEPT
OUTPUT -m state --state RELATED -j ACCEPT

Netzwerkadministration Linux / TCP Wrapper

Der Super-inetd Service zu kontrollieren und den Zugriff auf bestimmte Netzwerkdienste zu beschränken. Diese werden verwaltet von inetd und sind nicht mehr in einem Modus „Standalone".

Inetd verwendet tcpd-Daemon, der Verbindungsanforderungen an einen Dienst ab und prüfen Sie durch die hosts.allow und hosts.deny, wenn der Client erlaubt ist, diesen Service zu nutzen. Auf aktuelle Versionen von Linux wird standardmäßig installiert. Durch die Nachteile ist es in seiner Partei Zugriffskontrolle nicht aktiv.

Inetd ist ein Element zur Implementierung einer Linux-Maschine zu sichern, es kann jedoch nicht vollständig eine echte Firewall ersetzen.

das Prinzip

Wenn Sie mit Telnet auf einem entfernten Rechner verbinden möchten zum Beispiel, fängt inetd Ihre Verbindungsanfrage und überprüft in inetd.conf, wenn der Telnet-Dienst verwendet werden kann. Wenn die Antwort positiv ist, wird Ihre Anwendung tcpd übergeben, die in hosts.allow und hosts.deny überprüft, ob Sie das Recht haben, auf Telnet zu protokollieren, wenn dies der Fall Ihre Verbindungsanfrage sonst ist erlaubt, werden Sie abgelehnt. In allen Fällen, und dies ist eine weitere Funktion tcp_wrappers, tcpd vorwärts zu syslog (log-Daemon) Ihre Anfrage (diese Anforderung im Protokoll sein, / var / log / Sicherheit).

die Installation

Standardmäßig ist es mit den meisten Distributionen installiert, aber wenn das Paket installiert ist:

tcp_wrappers-x ..... Umdrehungen pro Minute. Tcp_wrappers verwendet die folgenden Dateien: tcpd, inetd, inetd.conf, hosts.allow, hosts.deny,

tcpdchk, tcpdmatch.

Konfiguration: inetd.conf

Diese Datei wird in / usw. befindet Sie können Dienste hier aktivieren oder deaktivieren, ein # vor der Linie platzieren oder zu entfernen, und dann zwingt das Lesen der Datei mit dem Befehl killall -HUP inetd. Es ist möglich, andere Dienste in dieser Datei hinzuzufügen.

Hier ist eine kommentierte:

```
# Version: \ @ (#) / etc / inetd.conf
# Die ersten Zeilen sind durch inetd verwendet
#
#echo stream tcp nowait root internen
#echo      dgram      udp      warten     interne root
#discard   Strom      tcp      nowait     interne root
#discard   dgram      udp      warten     interne root
#daytime   Strom      tcp      nowait     interne root
#daytime   dgram      udp      warten     Wurzel    intern
                                          Wurze
#chargen   Strom      tcp      nowait     l         intern
#chargen   dgram      udp      warten     Wurzel    intern
#time      Strom      tcp      nowait     Wurzel    intern
                                          Wurze
#time      dgram      udp      warten     l         intern
#
#Ftp und Telnet sind zwei weit verbreitete Dienste.
#Ils ist nicht besonders sicher. Telnet kann remplacépar SSH ist viel sicherer sein.
#
                                       Wurz    Verzeichnis / usr / sbin /
# ftp        Strom      tcp nowait     el      tcpd
                                       Wurz    Verzeichnis / usr /
in.ftpd telnet     stream tcp    nowait    el      sbin / tcpd
in.telnetd
#
#Shell, Login,   exec und talk comsat        BSD-Protokolle.
                 Verwenden Sie sie
#Essayez nicht   nicht.
#Ils enthält Löcher an                       Sicherheit.
# Schale     stream tcp nowait      root / usr / sbin / tcpd
in.rshd Login stream tcp nowait root / usr / sbin / tcpd in.rlogind
#exec Strom      tcp nowait      root / usr / sbin / tcpd in.rexecd
#comsat dgram udp warten      root / usr / sbin / tcpd in.comsat
udp Gespräch Gramm nobody.tty wait / usr / sbin / tcpd in.talkd
ntalk dgram      udp wait      nobody.tty / usr / sbin / tcpd in.ntalkd
#dtalk stream tcp warten nobody.tty / usr / sbin / tcpd in.dtalkd #

# POP3 und IMAP sind Mail-Server.
# So aktivieren Sie nur, wenn Sie sie verwenden.
# vergessen pop2
# 2 Pop-Stream      tcp nowait root
```

Verzeichnis / usr / sbin / tcpd
ipop2d

Pop-3-Stream   tcp nowait root
Verzeichnis / usr /
sbin / tcpd   ipop3d

#imap Strom   tcp nowait root
Verzeichnis / usr /
sbin / tcpd   imapd

#

#The UUCP Service ist eine Möglichkeit, Dateien zwischen verschiedenen Computern zu senden.

#The Service ist praktisch nicht mehr verwendet.

#Evitez Einsatz.

#uucp Strom   tcp   nowait   uucp

Verzeichnis / usr / sbin / tcpd / usr / lib / uucp / uucico -l

#Ftp und bootp verwendet, Maschinen zu ermöglichen,

  Kunden, die nicht über

Boot-Diskette, erhält eine IP-Adresse, das System zu laden. #TFTP hat es nicht

Authentifizierungssystem

#est eine riesige Sicherheitslücke. # Sie müssen unbedingt vermeiden, mit

tftpdgram udpwaitroot

Verzeichnis / usr / sbin / tcpd in.tftpd

Bootps dgram udp wait root / usr / sbin / tcpd bootpd #Finger, cfinger, systat

und netstat nicht

in sich selbst gefährlich, aber sie

gibt Auskunft über Konten und #utilisateurs Ihr System.

#He so benutzen sie nicht.

Finger stream tcp nowait nobody / usr / sbin / tcpd in.fingerd #cfinger stream

tcp nowait root / usr / sbin / tcpd in.cfingerd #systat stream tcp nowait Gast / usr

/ sbin / tcpd / bin / ps -auwwx

#netstat stream tcp nowait Gast / usr / sbin / tcpd   / Bin / netstat -f inet

Auth Authentication Service bietet Informationen über die Benutzer-Auth stream tcp wait root

/usr/sbin/in.identd in.identd -e -o

Ende inetd.conf linuxconf tcp wait Strom root / bin / linuxconf linuxconf --http

Die # vor einer Linie macht die freie Leitung, so dass der Dienst nicht verfügbar. Wenn Sie keinen Service
nutzen, besuchen Sie die inaktiv.

Hier ist eine Beschreibung einiger Optionen. Betrachten Sie die folgende Zeile:

ftp stream tcp nowait root / usr / sbin / tcpd in.ftpd

- **ftp:** Service-Namen, wie erklärt in / etc / services
- **Strom:** Art des Datentransportdienstes (es gibt Strom TCP-, UDP- für dgram, roh für IP)
- **tcp:** Protokollnamen wie es existiert in / etc / protocols
- **warten:** Standby-Zustand, wenn der Staat wartet inetd ist, muss warten, bis der Server die
  Steckdose vor der Wiederaufnahme Zuhören zurückgekehrt ist. Wird verwendet, lieber warten mit
  dgram Typen und roh. Alternativ nowait, die ermöglicht, dynamisch-Buchsen für den Stromtypen
  Verwendung zuzuordnen.
- **root:** Benutzername, unter dem der Dämon dreht

- **Verzeichnis / usr / sbin / tcpd in.ftpd** Path to in.ftpd Programm von inetd gestartet (es ist hier möglich, die Programmstartoptionen hinzuzufügen.

Hosts.allow und hosts.deny

Sie werden diese Dateien im Verzeichnis / etc finden.

Die erste Datei wird hosts.allow und hosts.deny lesen. Wenn eine Anfrage in hosts.allow Datei erlaubt wird, während es akzeptiert wird, was den Inhalt von hosts.deny. Wenn eine Anfrage jede Regel nicht erfüllt, ob in hosts.allow oder hosts.deny dann ist es erlaubt. Mit einem Wort, wenn Sie nichts in hosts.deny setzen tun, dann haben Sie nichts.

Hier ist ein kleines Beispiel in einfachen Fällen ist ausreichend:

hosts.allow

```
# hosts.allow
ALL: LOCAL
in.ftpd: 192.168.0, 10.194.168.0 / 255.255.255.0, 192.168.1.1.
in.telnetd: .iut.u-clermont1.fr
```

Es ermöglicht alle Ports für den lokalen Zugriff, und wir erlauben ftp Maschinen aus dem Netzwerk 192.168.0.0 und die Maschinen von 10.194.168.0 Netzwerk mit einer anderen Schreibweise und schließlich die einzige Maschine, die die Adresse 192.168.1.1 hat

hosts.deny

```
# hosts.deny
ALL: ALL
```

Hosts.deny ist einfach zu verstehen, ist es jeden Standard verbietet. Hosts.allow zeigt die Dienste, die ich (Der Service-Name muss mit dem Namen überein, die in inetd.conf ist) zulassen möchten. Die Syntax lautet:

Daemon [, Dämon ...] Kunde [Räume, ...] [: Option: Option ...]

Diese Syntax ist das gleiche in beiden Dateien hosts.allow und hosts.deny.

Dienstprogramme TCP-Wrapper

- tcpdchk -av: zeigt die Konfiguration TCP-Wrapper
- tcpdmatch in.ftpd localhost eine Verbindung auf in.ftpd zu simulieren

siehe xinetd Äquivalent tcp_wrappers, aber mit mehr Optionen.

Netzwerkadministration Linux / Tcpdump

In einem Ethernet-Hub durch ein Netzwerk verbunden ist (oder Hub) erhält jedes Gerät alle Pakete im Netzwerk unterwegs. Im Normalbetrieb wird die NIC genehmigen nur die Pakete, die für sie bestimmt sind, aber wir können sie an das System stellen Sie sicher, alle Pakete passieren.

Hubs sind immer weniger verwendet. Sie werden in der Regel durch Schalter (oder Schalter) ersetzt, die (basierend auf MAC-Adressen) bestimmen können, auf dem Kabel, das Sie benötigen, um ein Paket zu senden. Die Maschinen erhalten daher in der Regel die Pakete für sie bestimmt sind.

Das Dienstprogramm tcpdump die Pakete zu untersuchen, die durch eine Netzwerkkarte empfangen und gesendet werden.

Filter

Sie können Pakete auswählen, um auf der Grundlage der Ausdrücke „hören". So wird nicht angezeigt / verarbeitet die Informationen, für die das Ergebnis des Ausdrucks überprüft wird. Ein Ausdruck besteht aus Grundelementen und logischen Operatoren.

Ein primitiver ist eine Kennung von Schlüsselwörtern voraus, die den Typ des Bezeichners angeben. Zum Beispiel 21 die ursprüngliche src Port enthält folgende Elemente:

*   src Schlüsselwort, das anzeigt, dass die Kennung bezieht sich nur auf die Paketquelle
*   das Schlüsselwort-Port, der anzeigt, dass die Kennung das Port-Paket ist
*   der Identifikator 21

Die primitive entspricht den Quellport 21.

Ähnlich ist der primitive src Ether 00: 11: 22: 33: 44: 55 gibt an die Ethernet-Adresse (oder MAC) Quelle 00: 11: 22: 33: 44: 55.

Die am häufigsten verwendeten Primitive sind:

src <Adresse>

> die Quelladresse <Adresse>

dst <Adresse>

> die Zieladresse <Adresse>

Host <Adresse>

> die Quelladresse oder Ziel ist <Adresse>

Port <port>

> der Quell-Port oder das Ziel ist <port>

src-Port <port>

> Source Port <port>

dst Port <port>

> der Ziel-Port <port>

port <port1> - <port2>

> der Hafen ist zwischen <port1> und <port2>. Wir können den Ursprung mit Schlüsselwort src oder dst und Protokoll mit den Schlüsselwort TCP- oder UDP identifizieren.

Die Primitive kann mit logischen Operatoren und, oder und nicht verknüpft werden. Zum Beispiel wird der folgende Ausdruck alle Pakete, die von winzigen finden, aber der Hafen ist nicht der SSH-Port:

src winzig und nicht SSH-Port

Es ist auch möglich, ein Protokoll zu spezifizieren: UDP-, TCP-, icmp.

Optionen

Mehrere Optionen, um das Verhalten von tcpdump zu ändern:

-i <Schnittstelle>

> wählt die Netzwerkschnittstelle auf dem tcpdump Zuhören. Standardmäßig nimmt es die erste aktive (außer lo).

-x

> Auch zeigt die in den Paketen gefundenen Daten in Hexadezimal

-X

> zeigt Datenpakete im ASCII-Format

es <Nummer>

> Standardmäßig werden nur die ersten 68 Bytes der Daten angezeigt. Dieser Parameter kann diese Nummer ändern.

-w

> den Pfad einer Datei angeben, wo das Speicher-Abbild zu speichern.

Beispiele

tcpdump src 192.168.0.1

Hier sind die einzigen aufgeführten Pakete diejenigen von 192.168.0.1. Wir können auch unsere Vorlieben angeben, indem ein Kriterium hinzu:

tcpdump src 192.168.0.1 und Port 80

Es ist der einzige Hafen von Interesse 80 (http).

Hier ist eine komplette Linie, die wirklich die Pakete von 192.168.0.1 bis 212.208.225.1 kann, Port 53 UDP.

tcpdump -X es -x 0 src und dst 192.168.0.1 212.208.225.1 und Port 53 und UDP

Wir fragten die Paketinhalt Anzeige in Hexadezimal und ASCII-Format (-x-X), und dass, unabhängig von ihrer Größe (es 0) gewonnen. Wir erhalten die gewünschten Informationen:

```
0x0000:    4500 003b 0000 4000  4011 CA00 c1fd d9b4    E ..; .. @ @ ........
0x0010:        c1fc 1303 80A1  0035 0027 213d  14C2   0100   ...... 5. ,! = ....
0x0020:    0001 0000 0000 0000  0377 7777 056C    696.   ......... www.lin
0x0030:    7578  036f 7267 0000  0100 01           ux.org .....
```

Netzwerkadministration Linux / SSH

SSH steht für Secure Shell. Dies ist ein Protokoll, das für sichere Verbindungen (dh verschlüsselten) zwischen einem Server und einem SSH-Client ermöglicht.

Es kann an einem entfernten Rechner als Telnet eine Verbindung verwendet werden, um Dateien sicher oder Tunnel zu erstellen. Die Tunnel ermöglichen eine sichere Protokolle, die die Daten über eine SSH-Verbindung übergeben.

Das SSH-Schlüssel-System

asymmetrische Kryptographie

SSH nutzt asymmetrische Kryptographie RSA- oder DSA. Bei der asymmetrischen Kryptographie, hat jede Person ein Schlüsselpaar: einen öffentlichen Schlüssel und einen privaten Schlüssel. Der öffentliche Schlüssel kann frei veröffentlicht werden, während jeder seine geheimen privaten Schlüssel halten müssen. den öffentlichen Schlüssel zu wissen, erlaubt es nicht, den privaten Schlüssel abzuleiten.

Wenn Person A möchte eine vertrauliche Nachricht an Person B senden, verschlüsselt A die Nachricht mit dem öffentlichen Schlüssel von B und sendet auf einem Kanal B, die nicht unbedingt sicher ist. Nur B kann die Nachricht mit seinem privaten Schlüssel entschlüsseln.

symmetrische Kryptographie

SSH verwendet auch symmetrische Kryptographie. Das Prinzip ist einfach: wenn A will zunächst müssen den gleichen geheimen Schlüssel eine vertrauliche Nachricht an B, A und B senden. A verschlüsselt die Nachricht mit dem geheimen Schlüssel und sendet sie auf einem Kanal B, das nicht notwendigerweise sicher ist. B entschlüsselt die Nachricht mit dem geheimen Schlüssel.

Jede andere Person, die im Besitz des geheimen Schlüssels kann die Nachricht entschlüsseln.

Symmetrische Kryptographie ist viel weniger prozessorintensive Ressourcen, die asymmetrische Kryptographie, aber das große Problem ist der Austausch des geheimen Schlüssels zwischen A und B. Im SSL-Protokoll, das von Webbrowsern und SSH verwendet wird, die Krypto asymmetrisch ist, zu Beginn der Kommunikation verwendet wird, so dass a und B einen geheimen Schlüssel in einer sicheren Weise austauschen, und dann anschließend die Kommunikation durch symmetrische Kryptografie mit dem ausgetauschten geheimen Schlüssel gesichert.

SSH-Server-Konfiguration

Um den Daemon zu manipulieren (Start, Stopp, laden Sie die Konfiguration ...), verwenden Sie den Befehl

/etc/init.d/ssh

Die SSH-Server-Konfigurationsdatei / etc / ssh / sshd_config. Nicht zu verwechseln mit / etc / ssh / ssh_config die SSH-Client-Konfigurationsdatei ist.

Unter den vielen Optionen kann festgestellt werden:

- **Port 22:** Bedeutet, dass der SSH-Server auf Port 22, der die normale SSH-Port ist. Es ist möglich, einen anderen Port zu hören, indem Sie diese Zeile zu ändern.
- **Protokoll 2:** Bedeutet, dass der SSH-Server nur Version 2 des SSH-Protokolls unterstützt. Es ist eine Version sicherer als die Protokollversion 1. Um die beiden Protokolle zu akzeptieren, ändern Sie die Zeile: Protokoll 2.1
- **Nein PermitRootLogin:** Bedeutet, dass Sie nicht als root per SSH anmelden können. Um sich als root anmelden, melden Sie sich einfach in normaler Benutzer und verwenden Sie den Befehl su.
- **X11Forwarding ja:** Autorisiert die Übertragung SSH grafische Anzeige.
- **Logingracetime 600:** Maximale Verbindungszeit

- **RSAAuthentication ja:** Authentifizierungsmethode.
- **AuthorizedKeysFile .ssh / authorized_keys** Datei für ‚Auto-Login' verwendet
- **PermitEmptyPasswords No:** erlaubt oder nicht das leere Kennwort

Wenn der Server-Konfigurationsdatei geändert wurde, geben Sie den sshd-Dämon seine Konfigurationsdatei neu einzulesen, mit dem /etc/init.d/ssh Neustartbefehl.

Wenn logguer SSH

Zwei Arten der Authentifizierung sind möglich: mit Passwort und Schlüssel. In beiden Fällen verwenden wir die folgenden Befehle ein:

ssh -l <login> <Adresse des SSH-Servers>
ssh <login> @ <Adresse des SSH-Servers>

Passwort-Authentifizierung

Dies ist die einfachste Methode. Beim Anschluss ersucht das SSH-Client das Kennwort. In diesem Fall verschlüsselt SSH das Passwort, die in klar im Netzwerk zu sehen zirkuliert verhindert.

Key-Authentifizierung

Statt mit einem Passwort authentifizieren, können die Benutzer durch asymmetrische Kryptographie und ein Drehmoment von öffentlichen / privaten Schlüsseln authentifizieren, wie der SSH-Server auf das SSH-Client. Der öffentliche Schlüssel wird in der Heimat des Kontos auf dem Server abgelegt, auf dem Sie eine Verbindung herstellen möchten. Der private Schlüssel bleibt auf dem Client. In diesem Fall wird kein Passwort im Netzwerk zirkulieren.

Schlüssel erstellen

So generieren Sie ein Schlüsselpaar, verwenden Sie den Befehl:

ssh-keygen -t dsa

Zwei Schlüssel werden generiert, ein öffentlicher Schlüssel (Standard ~ / .ssh / id_dsa.pub) und ein privater Schlüssel (Standard ~ / .ssh / id_dsa). Dies ist der öffentliche Schlüssel, der auf den Server kopiert werden.

Die erzeugten Schlüssel haben eine Standardlänge von 1024 Bits, die nun ausreichend für einen guten Schutz gilt.

Der Befehl fragt nach einem Dateinamen, die privaten Schlüssel und einen Dateinamen zu speichern, den öffentlichen Schlüssel zu speichern. Standardmäßig ist der private Schlüssel in der HOME-Datei $ gespeichert / .ssh / id_dsa.

Der private Schlüssel wird mit Berechtigungen gespeichert 600. Der öffentliche Schlüssel hat den gleichen Dateinamen 644 von „PUB" mit Berechtigungen gefolgt.

Wenn Sie den Schlüssel erstellen, fragt das Dienstprogramm für eine Passphrase, die ein Passwort des privaten Schlüssel (2. Schutz) zu schützen. Die Passphrase wird verwendet, um den privaten Schlüssel zu verschlüsseln. Die Passphrase wird jedesmal, wenn der privaten Schlüssel angefordert werden, das heißt, diese Authentifizierungsmethode bei jeder Anmeldung bei der Verwendung. Ein Mechanismus namens ssh-agent erlaubt nicht das Kennwort jedes Mal (siehe die Dokumentation) einzugeben.

Es ist möglich, die Passphrase zu ändern, die die privaten Schlüssel mit dem ssh-keygen -p Befehl schützt.

Lassen Sie den öffentlichen Schlüssel

ein Schlüssel für die Anmeldung an ein Konto, Platz $ HOME / .ssh / wenn Sie den öffentlichen Teil in der authorized_keys des betreffenden Kontos, auf dem SSH-Server zu Datei verbinden möchten ermöglichen.   sasa-Server   auf   dem   Konto,   ist   die   Datei /home/sasa/.ssh/authorized_keys.

Um die öffentlichen Schlüssel zu übertragen, können Sie ftp, scp (Kopieren von Dateien über ssh) verwenden oder ein einfaches Kopieren / Einfügen zwischen zwei Anschlüssen (es ist nur eine lange Reihe von ASCII-Zeichen).

Jede Zeile von authorized_keys entspricht eine Public-Key-Datei erlaubt zu verbinden. Überprüfen Sie, dass jede Taste eine Zeile ist, sonst funktioniert es nicht.

Der $ HOME / .ssh ,sollte schreibgeschützt, mit Berechtigungen 755 (oder 705). Ebenso sollte die authorized_keys-Datei von allen (600 zum Beispiel) nicht lesbar sein.

Dann, um sich einzuloggen, einfach weiter wie oben.

Wenn der private Schlüssel wurde in einer anderen Datei $ HOME / .ssh / id_dsa aufgezeichnet muss den SSH-Client angeben:

ssh -i <Name der Datei mit dem privaten Schlüssel> <login> @ <server>

SSH-Agent

Ein SSH-Agent ist ein Programm, das den Überblick über private Schlüssel hält. Das Prinzip ist:

*   ein Agent gestartet
*   fügen wir Schlüssel (wenn der Schlüssel verschlüsselt ist, es mit dem Passwort entschlüsselt wird, bevor hinzugefügt wird)
*   jede SSH, ist der Schlüssel des Mittels in Priorität verwendet

Die wichtigsten Vorteile sind:

*   das Passwort wird nur einmal angefordert, wenn es den Agenten hinzugefügt wird,
*   und der Agent in der Lage, den Schlüssel auf mehrere Verbindungen zu folgen.

Zu Beginn wird ein Agent im Allgemeinen einen Befehl verwendet, die wie folgt aussieht:

Sshmittel / bin / bash

Die SSH-Agent eine neue Shell beginnen ("/ bin / bash"), in der es aktiv sein. Es wird nur von dieser Schale und die Programme nutzbar sein dort gestartet werden.

So fügen Sie ein Schlüssel verwendet wird,

ssh-add [<Datei>]

Wenn es keine Datei angeben, wird es den Standardschlüssel verwenden („~ / .ssh / id_dsa" für SSH 2).

Wenn der Schlüssel verschlüsselt ist, wird das Passwort angefordert und der entschlüsselte Schlüssel wird den Agenten hinzugefügt werden.

Alle SSH-Verbindungen (mit ssh, scp ...) aus dieser Schale gestartet werden die Agenten verwenden und damit mehr Passwort erfordern.

Erstellen Sie einen „Tunnel" verschlüsselt zwischen zwei Stationen

SSH ist auch in der Lage Verschlüsselung auf andere Dienste zur Verfügung zu stellen (zB FTP) über das Port-Forwarding.

(-L und -R Optionen in der SSH-Befehl), wie folgt:

Betrachten wir zwei Stationen HOST1 und HOST2. Angenommen, die HOST1 Maschine, die Sie mit dem Befehl:

ssh -L p1: HOST2 p2 HOST2

oder HOST2:

SSH -R p1: p2 HOST2 HOST1

dann erhalten Sie einen sicheren Tunnel, durch die man eine Verbindung passieren kann, die automatisch verschlüsselt.

Auf HOST1 SSH -L p1: p2 HOST2 HOST2 bedeutet, dass, wenn an den Anschluss p1 verbindet, werden die Pakete an den Port P2 der Maschine über HOST2 HOST2 übertragen.

Netzwerkadministration Linux / Routing

IP-Adressen und MAC

Jede Schnittstelle jeden Computer wird durch identifiziert werden

*   IP-Adresse: IP-Adresse (Version 4, IP V 4) identifiziert einen Host und ein Subnetz.
    Die IP-Adresse wird über 4 Bytes codiert - 32 Bit. (IP V 6 oder IP wird im nächsten Generation auf 16 Bytes werden codiert - 128 Bits).
*   Die MAC-Adresse der Netzwerkkarte (Ethernet-Karte oder WLAN-Karte) von 6 Bytes - 48 Bits;

Eine IP-Adresse identifiziert einen Host. Ein Gateway ist ein Computer, der mehrere Schnittstellen und überträgt die Pakete, die von einer Schnittstelle zur anderen aufweist. Das Gateway kann und unterschiedliche Netze kommunizieren. Jede Netzwerkkarte hat eine eindeutige MAC-Adresse vom Hersteller garantiert. Wenn ein Computer mehrere Schnittstellen hat, die Adresse jedes mit seiner eigenen MAC-Adresse und IP. Wir können die Netzwerkkonfiguration ifconfig sehen:

$ Ifconfig eth0

eth0   Link encap: Ethernet HWaddr 00: B2: 3A: 24: F3: C4
              inet addr: 192.168.0.2 Bcast: 192.168.0.255 Mask: 255.255.255.0
              inet6 Adr: fe80 :: 2C0: 9FFF: fef9: 95b0 / 64 Scope: Link
              UP BROADCAST RUNNING MULTICAST MTU: 1500 Metric: 1
              RX-Pakete: 6 Fehler: 0 fiel: 0 Überschreitungen: 0 Rahmen: 0
              TX-Pakete: 16 Fehler: 0 fiel: 0 Überschreitungen: 0 Träger: 5
              Kollisionen: 0 txqueuelen: 1000
              RX-Bytes 1520 (1,4 KB) TX Bytes: 2024 (1,9 KB)
              Interrupt: 10

Wir sehen die MAC-Adresse 00: B2: 3A: 24: F3: C4 und die IP-Adresse 192.168.0.2. Dies bedeutet, dass das erste Byte der IP-Adresse ist der zweite 168, ist gleich 192, das dritte Byte Null ist, und die vierte ist 2.

Subnetze

Klassen-Subnetze

Bis in die 1990er Jahre wurden IPv4-Adressen in Subnetzen organisiert. Jedes Subnetz hat eine Adresse, die einen Teil der IP-Adresse der Maschine, das Sub-Netz befindet.

Zum Beispiel gehört die IP-Adresse 192.168.4.35 mit dem Subnetz 192.168.4, manchmal auch darauf hingewiesen 192.168.4.0.

Subnetze werden in Klassen organisiert. Jede Klasse Subnetz entspricht Netzwerke, die eine Anzahl von Maschinen enthalten.

- Klasse A: Adressen von 1.0.0.0 auf 127.0.0.0. Die Netzkennung wird dann 8 Bits und Rechner-IDs sind 24 Bits (mehrere Millionen Einheiten pro Teilnetz;
- Klasse B: 128.0.0.0 von Adressen 191.255.0.0. Die Netzkennung wird dann 16 Bits und Maschinenkennungen sind 16-Bit (mehr als 65 000 Maschinen pro Subnetz);
- Klasse C: Adressen von 192.0.0.0 bis 223.255.255.0. Die Netzkennung wird dann 24 Bits und Rechner-IDs sind 8 Bits (höchstens 254 Maschinen pro Subnetz, nummeriert von 1 bis 254);

Subnet-mask

Eine Subnet-Maske wird auf 4 Bytes einen gegebenen, mit der Adresse des Subnetzes, charakterisiert den Subnetz-IP.

Ein Bit der Subnet-Mask ist 1, wenn für alle IP-Adressen des Subnetz, das gleiche Bit das gleiche für die IP-Adresse und Subnet ist.

Zum Beispiel für die Klasse A Netzwerk 37.0.0.0 mit der Maske von 255.0.0.0 Subnet, die ersten 8 Bits aller Subnetz-IP-Adressen sind 37 wert.

Ein weiteres Beispiel für das Subnetz der Klasse C 193.56.49.0 und Maske 255.255.255.0 Subnet, die ersten 24 Bits aller Subnetz-IP ist 193.56.49.

Es kann eine Teilnetzadresse und Maske ernennen, aber Sie können auch die Subnet nur die Anzahl der Bits der Maske geben bezeichnen. Dies wird, genannt oben die beiden Beispiele zu verwenden, das 37.0.0.0/8 Subnetz oder 193.56.49.0/24 Subnetz.

Routing

Routing ermöglicht die Kommunikation über Subnetze. Ein Gateway (Gateway in Englisch) ist in Kommunikation mit verschiedenen Subnetzen auf verschiedene Schnittstellen und stellt eine Verbindung zwischen verschiedenen Subnetzen (siehe Figur 8.1).

Routen

Eine Straße auf einer Station eingestellt ist ein Weg, der durch Pakete zu einem bestimmten Sub-Netz genommen werden. Zum Beispiel (siehe Figur 8.1) eine Station angerufene Station 1 von 112.65.77.8 IP-Adresse auf ein Netzwerk 112.0.0.0/8.

(Fig 8.1. BEISPIEL Gateway kommuniziert zwei Netzwerke)

Es ist mit einem Gateway verbunden, das die IP 112.65.123.3 in diesem Netzwerk auf seiner eth0 hat. Das Gateway ist auch mit dem Netzwerk über seine 192.168.0.0/24 eth1 Schnittstelle, die IP 192.168.0.1 hat. Wenn die Station 1 direkt mit der Station kommunizieren möchte Station 6 von 192.168.0.2 IP-Adresse im Netzwerk 192.168.0.0/24 genannt, müssen drei Bedingungen erfüllt sein;

- Eine Straße ist auf der Station 1 definiert werden, die anzeigt, dass die Pakete für das 192.168.0.0/24 Netzwerk bestimmt durch das Gateway 112.65.123.3 passieren muss. Dazu können Sie die Route Befehl verwenden:

route add -net 192.168.0.0/24 gw 112.65.123.3

- Eine Straße ist auf der Station definiert wird 6 anzeigt, dass die Pakete an das 112.0.0.0/8 Netzwerk über

    das Gateway 192.168.0.1 passieren muss; Dazu können Sie die Route Befehl verwenden:

route add -net 192.168.0.1 gw 112.0.0.0/8

- Das Gateway muss konfiguriert werden, um (oder Weiterleitung) IP-Pakete von einem Netzwerk zu einem

    anderen zu übertragen, das durch einen der folgenden Befehle durchgeführt wird (beide gleich sind, keine

    Notwendigkeit, wiederholen):

echo 1> / proc / sys / net / ipv4 / ip_forward

Sysctl -w net.ipv4.ip_forward = 1

Hinweis: Sie müssen diese Befehle nach einem Neustart wiederholen. Um zu vermeiden, diese Befehle wieder zu beleben manuell, können Sie sie in den Kofferraum legen Skripte mit dem update-rc.d (debian)) starten. So fügen Sie ein Skript-Initialisierungsskript in my_:

mv my_script /etc/init.d

update-rc.d defaults my_script

Wenn die IP-Weiterleitung über ein sysctl aktiviert, wird die Standard-Datei dieser Parameterkonfiguration ist /etc/sysctl.conf, wo die Linie Kommentar bereits.

Sie können den Zustand der Straßen mit der Befehl route -n sehen. Zum Beispiel Station 1:

route -n

Ziel	Tor	Genmask	Flags	Metric Ref	verwenden Iface
192.168.0.0	112.65.123.3	255.255.255.0	U	0	0	0 eth2

etc ...

Auf der Station 6

route -n

Ziel	Tor	Genmask	Flags	Metric Ref	verwenden Iface
112.0.0.0	192.168.0.1	255.0.0.0	U	0	0	0 wlan0

etc ...

Um eine Route zu löschen, zum Beispiel zu 193.86.46.0/24 196.24.52.1 Netzwerk über einen Gateway, es ist:

Route del -Netz 193.86.46.0/24 gw 196.24.52.1

Standardroute (Gateway)

Wenn wir eine Reihe von Routen auf einer Station definiert ist, können Sie eine spezielle Route für IP-Pakete definieren à Ziel für die keine andere Straßennetze. Wir nennen einen solchen Weg eine Standardroute. In der Regel ist dies der Weg, online zu gehen, verwendet werden muß. Wir verwenden den 0.0.0.0 Netzwerk (255.255.255.255 Maske). Um eine Standardroute festgelegt ist wenig befahrene Straße. Um zum Beispiel die Standardroute über das Gateway zu setzen 194.56.87.1:

route add default gw 194.56.87.1

So entfernen Sie diese Straße:

route del default gw 194.56.87.1

NAT und Masquerading

Wenn ein Host mit einer IP-Adresse in einem lokalen Netzwerk versucht, über das Internet zum Beispiel mit einem größeren Netzwerk zu verbinden, über einen Gateway, muss der Host eine IP-Adresse auf dem weiten Netzwerk. Dazu wird entweder die LAN-Adressen werden gebeten, die auf dem globalen Netzwerk geroutet werden, aber es muss dann eine Reihe von Adressen auf dem globalen Netzwerk zu behalten gilt, ist der Administrator des Gateway hat die Fähigkeit zu zahlen IP-Gateway zu dem lokalen Netzwerk-Rechner. Dazu wird iptables mit NAT verwendet. Zum Beispiel, wenn das Gateway zum Internet über seine eth0 verbindet, führen Sie einfach den folgenden Befehl auf der Brücke:

iptables -t nat -A POSTROUTING- -o eth0 -j MASQUERADE

Jede Maschine auf dem lokalen Netzwerk (zB 192.168.0.0/24), die über dieses Gateway mit dem Internet verbindet hat dann die IP-Adresse des Gateways im Internet. Es kann auch die LAN-Maschinen eine andere IP-Adresse, die Sie mit -bis angeben:

iptables -t nat -A POSTROUTING- -o eth0 -j SNAT --to 193.56.17.9

Wir haben eine vollständigere Übersicht über die Möglichkeiten iptables in der Literatur Netfilter.

Umleitung

Es ist auch möglich, das Ziel eines Pakets zu ändern. Dies ist nützlich, wenn Sie eine Maschine hinter einem anderen verbergen wollen: der Client mit einem Server verbindet, die alle Pakete zu einem anderen weiterleiten. es transparent für den Kunden ist, ist es, als wäre es der erste Server war, die geantwortet haben. Dies ist die Destination NAT (DNAT) genannt.

Beispiel alle Port 22 Verbindungen zum Server 192.168.1.12 umleiten:

iptables -t nat -A PREROUTING -p tcp --dport 22 -j DNAT --to 192.168.1.12

www.ingramcontent.com/pod-product-compliance
Lightning Source LLC
Chambersburg PA
CBHW061053050326
40690CB00012B/2608